MÉMOIRES

DE

LOUIS XVIII.

IMPRIMERIE DE VANDERBORGHT FILS.

MÉMOIRES

DE

LOUIS XVIII,

RECUEILLIS ET MIS EN ORDRE

PAR M. LE DUC DE D****.

TOME HUITIÈME.

Bruxelles;
LOUIS HAUMAN ET COMP^e.

1833

MÉMOIRES

DE

LOUIS XVIII.

CHAPITRE PREMIER.

Regrets donnés à l'absence de M. d'Avaray. — Bons procédés de l'empereur Alexandre envers le roi. — Les succès de Buonaparte changent la position de l'Europe. — L'Italie entière est soumise à son influence. — L'Angleterre fait la paix avec lui. — Il rappelle les émigrés. — Il se les attache. — Il veut aussi se rallier le clergé. — Le concordat est proposé. — Le roi cherche à l'entraver auprès du pape. — Pie VII refuse de la seconder. — Le roi se sépare de certains conspirateurs. — Première lettre qu'il écrit à Buonaparte. — Joséphine la lui remet. — Deuxième lettre au même. — Réponse de Buonaparte. — Négociation rompue. — Le roi écrit une circulaire au corps des évêques de France. — Chagrin qu'il cause au pape. — L'évêque d'Arras le seconde. — Il est abandonné de presque toute l'émigration. — D'Avaray, de retour, l'en console.

Mes chagrins me semblèrent plus difficiles à supporter au moment de me séparer de mon fidèle

Achates, de mon cher d'Avaray. Son amitié, son zèle pour mon service, et son enthousiasme pour ma cause, soutenaient mon courage lorsqu'il faiblissait sous la violence des coups dont me frappait la fortune. D'Avaray partant, je restais seul, seul pour lutter contre ma fatale destinée ; car nul ne pouvait remplir sa place, me rendre des soins aussi intimes, me distraire avec le même charme. Je m'étais fait une habitude de le voir chaque jour, de le consulter sur toutes mes affaires. Mes secrets étaient les siens ; nous n'avions besoin, pour nous entendre, que de demi-mots, que de gestes ; un seul regard exprimait notre pensée ; enfin, en me séparant de lui, je quittais un second moi-même ; aussi cette séparation me fut bien cruelle. Ce n'était pas un simple voyage, c'était une course incertaine, sans terme peut-être. Il pouvait mourir sur une terre étrangère loin de moi, seul et sans secours. Cette idée me brisait l'ame et me causait un désespoir que je ne pris pas la peine de dissimuler.

On est assez porté à appeler *favoris* les amis des rois, mais jamais il ne vint à l'idée de personne de donner ce nom à d'Avaray. Aussi on fut touché de ma douleur ; la reine et ma nièce essayèrent de l'adoucir. Je rendis justice à leurs soins empressés, et je concentrai ma peine par égard pour elles, mais je n'en étais pas moins affligé.

Les succès éclatans de Buonaparte achevèrent de me plonger dans une tristesse contre laquelle j'eus besoin de toute ma philosophie pour ne pas en être accablé. Cependant elle se trouva un peu allégée par la noble conduite de l'empereur Alexandre. Dès son avènement au trône, ce prince me le communiqua d'une manière officielle, et m'écrivit en des termes affectueux qui réparèrent en quelque sorte la cruauté dont le malheureux Paul Ier s'était rendu coupable envers moi. Il s'empressa de m'offrir une partie de la pension qui avait été supprimée, et y fit ajouter, de vive voix, des assurances flatteuses pour mon avenir.

Ma réponse exprima toute ma gratitude. Alexandre cependant ne rompit point avec le gouvernement français ; il se maintint à son égard dans la même situation que son père à la suite des désastres de l'Italie, et en conséquence la guerre ne recommença pas vers le Nord. Néanmoins je vis avec plaisir que les ligues prêtes à se former entre le Danemark, la Suède, la Russie et la Prusse, pour la défense de la Baltique, n'auraient point lieu. Cette ligue, en fermant la Baltique à la marine militaire et marchande de l'Angleterre, eût été tout à l'avantage de la révolution française. Paul Ier y avait consenti, mais Alexandre ne poussa pas jusque là sa complaisance envers Buonaparte ; il ne voulut qu'une neutralité complète, qui me faisait entrevoir pour l'avenir de meilleurs sentimens en ma faveur.

La paix fut alors conclue sur le continent; celle de Lunéville, si funeste à l'Autriche puisqu'elle y perdit une partie de ses conquêtes ; paix déterminée par le passage rapide des Alpes que tenta avec tant de succès l'armée française, et par la victoire de Marengo. Les opérations militaires du côté du Rhin furent également favorables à la France ; la paix le devint aussi à l'Allemagne, et ses conséquences amenèrent de nouveaux changemens dans la politique européenne.

L'influence de l'Autriche en diminua ; la Prusse demeura dans une position équivoque peu honorable, tandis que la France, hélas! la France sans son roi, obtint par la force des armes une suprématie à laquelle Louis XIV, aux beaux jours de sa puissance, n'était parvenu qu'imparfaitement. L'Italie tout entière appartenait à Buonaparte, d'une manière directe ou indirecte ; il réunit le Piémont, et peu après l'état de Gênes, à la France. Il se fit nommer président de la république cisalpine, qui comprenait tout le Milanais, les duchés de Parme, de Modène, Mantoue, son territoire, les provinces de l'ancienne république vénitienne, et les trois légations. La Toscane devint son alliée soumise lorsque dans sa politique il eût appelé au trône d'Etrurie le jeune infant, duc de Parme, auquel l'archiduc Ferdinand dut céder ces belles contrées pour le grand-duché de Wurtzbourg. La république de Lucque entra dans le système français ; le pape fut contraint d'y accéder, ainsi que le roi de Naples qui, revenu dans ses états de Terre-Ferme depuis la descente des Russes, craignait de les perdre s'il persistait à faire la guerre au premier consul.

Tandis que l'Italie suivait jusqu'à nouvel ordre les inspirations de la politique du cabinet des Tuileries, l'Allemagne, d'une autre part, touchait à sa dissolution comme empire. Déjà les électorats ecclésiastiques étaient supprimés en partie. Il y avait des princes dépossédés, d'autres qui obtenaient un accroissement de territoire ; la Belgique resta portion intégrante de la France, et la Hollande, qui depuis le Directoire était entrée sous l'influence de la république, ne s'en détacha pas lorsque Buonaparte se fut emparé du pouvoir. L'Espagne, soumise au même entraînement, reçut des lois du vainqueur de l'Italie, dont elle consentit à devenir l'alliée ; et, bien que le Portugal eût cédé aussi à cette force irrésistible, son accession fut cependant plus honorable, parce qu'elle reposait sur la protection de l'Angleterre.

Cette puissance avait repoussé avec dédain la paix proposée par le premier consul à la suite du 18 brumaire. Mais elle ne put se maintenir long-temps dans cette fière résistance, où plutôt de hautes combinaisons politiques la déterminèrent à accepter une trêve que Buonaparte eut le tort de prendre pour une paix de longue durée. Ce dernier évènement acheva de rendre ma position bien précaire, et consolida le système français. Je dus, à mon tour, prodiguer des consolations à ma famille accablée par tant de maux ; je dus retrouver en moi cette énergie que je ne voyais plus chez les autres monarques. Lorsque tous se rangeaient autour de mes sujets rebelles, je devais encore prétendre que je rentrerais seul en France avec les armes invincibles que la constance et la légitimité de leurs droits donnent aux rois malheureux.

Certes, c'était le moment de déployer cette supériorité de caractère lorsque, du nord au midi de l'Europe, mes peuples identifiant la cause de leurs rois avec celle de l'étranger, persistaient à me repousser loin d'eux. Tout espoir de retour paraissait m'être enlevé. Le premier consul, avec un génie qu'on ne pouvait lui contester, s'était attaché mes alliés naturels, la noblesse et le clergé.

La première fut d'abord rappelée en masse de l'émigration par une mesure générale, autorisant la rentrée de tous les bannis, hors mille, que le premier consul se réservait le droit de désigner plus tard. Cependant il ne le fit point, il tint toujours éloignés ceux qu'il savait trop attachés à ma cause. J'éprouvai une peine qui surpassa toutes les autres, en voyant nos plus fidèles s'empresser de nous quitter, dès que les portes de la France leur furent ouvertes. L'émigration disparut tout d'un coup ; à peine s'il en demeura autour de nous quelques restes. L'armée du prince de Condé se fondit presque entièrement ; on eut peine à composer de ses débris un faible corps que l'Angleterre conserva à sa solde. L'amour du pays natal l'emporta sur l'amour du roi. La noblesse, cajolée et rassurée, fit plus encore, car elle se décida à servir Buonaparte.

Il est vrai de dire que le premier consul employa tout son art à provoquer cette désertion. Les honneurs, les places, les décorations, tout fut accordé à cette noblesse que naguère on avait poursuivie, dépouillée de ses biens et terrassée par des lois de mort. Maintenant on la caressait, on lui rendait ses biens, et cette conduite adroite la contraignit à se rattacher à Buonaparte.

Cet homme habile ne me laissa même pas le clergé, en qui je regrettais alors mes dernières espérances. La mort de Pie VI à Valence, dans le Dauphiné, où l'avait conduit la politique barbare du Directoire, nécessita la réunion du conclave. Il ne put avoir lieu à Rome au milieu des désordres de la guerre ou de la démagogie italienne. Les cardinaux choisirent Venise, et élevèrent au trône pontifical Barnabé Chiaramonti, évêque d'Imola, qui, nommé le 4 mars 1800, prit le nom de Pie VII. Dès que j'appris cette nouvelle, j'écrivis ma lettre d'obédience et me recommandai à la bénédiction apostolique que m'accorda le Saint-Père. Il me répondit avec une affection touchante, et entra aussitôt en négociation avec Buonaparte.

Je n'aurais jamais cru que l'héritier précaire d'une révolution toute d'athéisme et de haine, surtout pour la religion catholique, manifesterait soudain des principes si opposés. Le cardinal Maury, mon ambassadeur auprès du Saint-Siége, m'apprit que Buonaparte avait fait des ouvertures pour rétablir le culte en France d'une manière solennelle, et devenir le chef séculier de la religion comme l'avaient été mes prédécesseurs. Je sus en même temps que le pape n'avait nullement repoussé ces propositions.

Cette nouvelle, je ne craindrai pas de l'avouer, me porta un coup qui m'étourdit; je connaissais la puissante influence du clergé sur le peuple. Je savais que, jusqu'à ce jour, on l'avait employé pour me rappeler au souvenir de mes sujets, et leur faire de la royauté un cas de conscience. Puis, tout d'un coup cet appui m'était enlevé. Je me hâtai d'en témoigner au pape ma douleur; je le conjurai de ne pas donner une arme si forte à la rébellion, de m'ôter mes dernières espérances. Je parlai en vain : Pie VII me répondit que ma cause lui était chère, mais que celle de la chrétienté devait passer avant tout, qu'une résistance mal entendue pourrait porter un coup funeste à la religion, le premier consul ayant déclaré qu'il se mettrait à la tête d'un culte français, si le pape refusait de s'accommoder avec lui, et qu'enfin, pour prévenir ce malheur, il valait mieux avoir en France un clergé constitué, me faisant entendre seulement qu'en se rattachant à la religion, le gouvernement français travaillait pour la monarchie, sans trop s'en douter, et mille autres raisons de ce genre.

Mais aucune de ces raisons ne me parut convaincante; je prévoyais tous les désavantages qui résulteraient pour moi d'un concordat religieux, et j'ordonnai au cardinal de protester ouvertement. Lui, au lieu de se conformer à cet ordre, chercha à me représenter le péril que courait la religion, si Buonaparte se séparait violemment de la communion du Saint-Siége; en un mot, il me parla dans le sens du pape, au lieu de me soutenir près de lui; et lorsque ma volonté impérative lui parvint, il protesta, mais en secret; je lui en témoignai mon mécontentement, et ce fut la première cause de sa désertion complète plus tard.

Il ne restait plus pour défendre la bonne cause que des moyens que désapprouvait ma loyauté. Mes ennemis seuls peuvent me faire l'injure de croire qu'on m'instruisait des complots criminels dirigés contre la vie du premier consul. Jamais on ne m'en parla, on savait que je les aurais repoussés avec indignation. Je désavoue donc toute participation à ces attaques odieuses. J'aurais peut-être ordonné la mise en cause de Buonaparte, et laissé la justice suivre le cours de ses fonctions; mais jamais, en aucun temps, je n'eusse consenti à armer le bras d'un meurtrier du glaive des lois. Qu'on ne s'étonne donc pas du silence que je garderai sur des faits qu'il me serait trop pénible de rapporter sans blâmer ceux qui y concoururent sans mon consentement.

Cependant lorsque Buonaparte prit l'autorité en France, je ne perdis pas encore tout espoir qu'il consentît à traiter avec moi. Je ne vis dans sa rigueur envers les agens intermédiaires entre Barras et ma cause, que le désir de poursuivre seul cette importante affaire ; aussi, sans prendre conseil de personne, et avec le seul concours de l'abbé de Montesquiou, j'écrivis à Buonaparte, peu de mois après son consulat, une lettre ainsi conçue :

« Mittau, 20 février 1800.

« Des hommes tels que vous, monsieur, ne m'in-
« spirent jamais d'inquiétude, quelle que soit leur
« conduite apparente. Vous avez accepté une place
« éminente, et personne mieux que moi ne vous en
« sait gré. Vous n'ignorez pas ce qu'il faut de force
« et de puissance pour faire le bonheur d'une grande
« nation. Sauvez la France de ses propres fureurs,
« rendez-lui son roi, et les générations futures bé-
« niront votre mémoire. Vous serez toujours trop
« nécessaire à l'état pour que je puisse acquitter
« par des places importantes toute la dette de mon
« aïeul et la mienne.
« *Signé* Louis. »

L'abbé de Montesquiou fit tenir cette lettre à Buonaparte par Joséphine, qui consentit à s'en charger. J'ai su depuis que le premier consul avait trouvé fort mauvais que sa femme eût accepté une mission de ce genre. Il s'en expliqua avec tant de véhémence que cette voie d'arriver jusqu'à lui me fut entièrement fermée. Les jours, les semaines s'écoulaient, et je ne recevais aucune réponse. Je séchais d'impatience, ne pouvant m'imaginer que cet homme refusât de m'accorder au moins les simples égards dus à une personne qui nous écrit. Ma juste fierté me commandait de me taire ; mais, cédant à un devoir plus grand, au bonheur futur de la France, je résolus de tenter une seconde fois le même moyen. En conséquence, je remis de nouveau la main à la plume, et Buonaparte reçut encore une lettre, qui disait :

« Depuis long-temps, général, vous devez sa-
« voir que mon estime vous est acquise. Si vous
« doutez de ma reconnaissance, marquez votre
« place, fixez le sort de vos amis. Quant à mes
« principes, je suis Français, clément par carac-
« tère ; je le serai encore par raison.

« Non, le vainqueur de Lodi, de Castiglione,
« d'Arcole, le conquérant de l'Italie et de l'Égypte,
« ne peut pas préférer à la gloire une vaine célé-
« brité. Cependant, vous perdez un temps précieux ;
« nous pouvons assurer le bonheur de la France ;
« *je dis nous*, parce que j'ai besoin pour cela de
« Buonaparte, et que lui ne peut rien sans moi.

« Général, l'Europe a les yeux sur vous ; un
« glorieux triomphe vous attend, et je suis impatient
« de rendre la paix à mon peuple.

« *Signé* Louis. »

Lorsque j'écrivis cette lettre, la bataille de Marengo et la seconde conquête de l'Italie n'avaient pas encore eu lieu ; je croyais alors ce que me mandaient mes agens de l'intérieur : à les entendre, la France était dans un état d'effervescence extrême. Le gouvernement naissant était menacé à la fois par les jacobins et les royalistes, et ne tarderait pas à être renversé. Je ne pouvais encore démêler parfaitement et le caractère de Buonaparte et ses ressources, et l'ascendant surtout qu'il prendrait sur la révolution, et les hommes dévoués à ma cause. Je le croyais embarrassé sur la marche qu'il devait suivre, et prêt à traiter avec moi si je lui offrais de grands avantages.

J'étais déterminé à faire un pont d'or à son ambition : je lui aurais cédé le Brabant, ou, si nous n'avions pu le conserver, le comté de Nice, ou enfin un grand établissement en Amérique ; car je l'aurais vu avec inquiétude rester en France, et surtout commander mes armées. Mais avant de lui rien proposer, il fallait avoir sa réponse, et s'assurer de quelle manière il entendrait traiter : je la reçus enfin, cette réponse si vivement souhaitée ; et loin d'en être satisfait, je vis qu'elle ne me laissait rien à attendre d'une voie de négociation. Voici en quels termes elle était conçue :

« J'ai reçu votre lettre, monsieur, et je vous
« remercie des choses flatteuses qu'elle renferme.

« Vous ne devez pas désirer rentrer en France,
« car il vous faudrait marcher sur cent mille ca-
« davres.

« Sacrifiez votre intérêt personnel au repos de
« votre patrie ; l'histoire vous en tiendra compte.

« Je ne suis pas insensible aux malheurs de votre « famille, et j'apprendrais avec plaisir que vous « êtes entouré de tout ce qui peut contribuer à la « tranquillité de votre retraite.

« *Signé* Buonaparte. »

Les expressions de cette lettre me parurent dures, inconvenantes même. J'y reconnus la ferme détermination de me tenir éloigné de mon royaume, et cette fois je cessai d'en demander la restitution à Buonaparte.

Bien averti de ses dispositions à mon égard, je dus voir avec chagrin tout ce qui lui faciliterait les moyens de prolonger son usurpation ; je fis donc tout mon possible pour entraver le concordat passé entre lui et la cour de Rome ; je savais que le pape demandait à tous les évêques la démission de leur siége, afin que le premier consul pût nommer de nouveaux titulaires, sans offenser ni les catholiques ni le clergé constitutionnel. J'écrivis, en conséquence, au corps épiscopal une lettre ainsi conçue :

« Mons. l'évêque de...

« Une nouvelle épreuve m'est imposée : l'usur-
« pateur de mon trône cherche à ravir la fidélité
« des membres de votre ordre ; il traite avec le
« Saint-Siége d'un prétendu concordat contre le-
« quel je proteste de toute ma force. Je sais que
« pour faciliter son exécution on vous demandera

« la démission particulière de votre siége épisco-
« pal. On se flatte que vous accorderez ce gage à
« la révolution, et moi j'espère que vous ne ter-
« nirez pas votre généreuse résistance à l'anarchie,
« à l'impiété, ni les actes de dévouement que vous
« avez si long-temps donnés à ma cause et à celle
« de notre sainte religion, en montrant une con-
« descendance qui serait coupable, et que dans
« tous les cas je ne pardonnerais point. Je compte,
« monsieur, que sans vous écarter du respect dû
« au Saint-Siége, vous vous souviendrez des droits
« de l'église gallicane ; de ce que vous me devez,
« et de ce que vous devez à la mémoire de vos
« confrères morts martyrs de cette cause sacrée
« dont vous restez le généreux confesseur. Je vous
« interdis donc tout désistement que je ne vou-
« drais d'ailleurs pas reconnaître, et je suis certain
« d'avance que vous ne donnerez point cette satis-
« faction à la révolte, et cette douleur à votre roi.

« *Signé* Louis. »

En même temps j'expédiai une copie de cette circulaire au cardinal Maury, afin qu'il la mît sous les yeux du pape. Le cardinal, en me mandant qu'il s'était conformé à mon ordre, ajouta *que j'avais profondément frappé le cœur de Sa Sainteté*. Sans doute que lui et Pie VII me croyaient insensible au coup que me portait la cour de Rome.

L'évêque d'Arras, avec lequel je correspondais rarement, prit feu dans cette circonstance ; il s'empressa de me faire connaître les évêques qui céderaient à l'invitation pontificale, et ceux qui resteraient fidèles à la monarchie. J'aurais voulu l'unanimité, et je n'eus pas la majorité ; Dieu y mit la main, il fallut se soumettre.

Qu'elle me fut pénible cette première messe chantée solennellement dans Notre-Dame, en présence des consuls et de tous les corps constitués de l'état ! Que cette prière, répétée dès lors dans toutes les églises pour la prospérité de la république et de Buonaparte, eut d'amertume pour mon cœur ! Il me sembla que la couronne venait réellement d'être arrachée de mon front. Je tombai dans une tristesse profonde ; chaque événement diminuait mes espérances, et je me voyais abandonné par tous ceux sur lesquels j'avais le plus compté. Je recevais presque tous les jours de nouvelles demandes pour autoriser la rentrée en France. Je me fis une loi de ne jamais refuser, et je rédigeai une formule à cet effet : mais, au fond de mon âme, je sus peu de gré à ceux qui s'éloignèrent ainsi de moi.

D'Avaray m'aidait à supporter ces rudes atteintes. Il était revenu d'Italie mieux portant ; néanmoins sa santé était toujours chancelante. Enfin je l'avais près de moi, j'épanchais mes souffrances dans son sein ; et les malheurs que l'amitié partage sont allégés d'une partie de leur poids. J'en fis l'épreuve en cette funeste circonstance.

CHAPITRE II.

Pourquoi l'auteur ne s'assujettira plus à l'ordre chronologique. — Conduite des souverains à son égard. — Comment on envoie la duchesse de Guiche à Paris, et comment elle en est chassée. — Buonaparte veut négocier avec le roi. — Le comte de Haugwitz. — Quelques détails sur sa vie. — Le président Meyer. — Buonaparte le charge de traiter de l'abdication du roi. — Récit de l'audience que Sa Majesté lui accorde. — Ce que le roi voulait répondre à Buonaparte. — Note définitive qu'il lui fait remettre. — Conversation diplomatique de d'Avaray avec le président Meyer. — Propos chevaleresques du roi. — Lettre à ce sujet au comte d'Artois. — Protestation de tous les princes de la famille et maison de Bourbon.

J'ai jusqu'à présent suivi le narré des faits avec une exactitude à peu près rigoureuse; le rôle important que je jouais au milieu des événemens qui se succédaient, me facilitait le moyen de ne pas trop m'en écarter. Mais je suis arrivé au moment où cette régularité n'est plus nécessaire. La fortune de Buonaparte, en s'accroissant chaque jour, rendait moins probable ou plus reculée ma rentrée dans le royaume de mes ancêtres. La guerre allait s'étendre dans un cadre gigantesque. Toutes les puissances de l'Europe allaient descendre tour à tour dans la lice ; les batailles se succéderaient ; la foudre des combats gronderait encore, mais pour favoriser l'usurpateur de mon trône, mais pour pulvériser les intérêts des héritiers de Louis XVI. Dès ce moment ma cause parut perdue ou abandonnée, je cessai de compter dans la balance politique de l'Europe ; Dieu prolongea l'aveuglement des princes jusqu'au jour marqué dans sa sagesse, où une lumière plus vive montrerait que toutes les couronnes sont solidaires, et que l'une ne peut tomber sans que les autres soient ébranlées.

Donc, à partir de cette époque, je m'attacherai peu aux dates. Je voudrais pouvoir oublier ces quatorze années d'atonie dans lesquelles j'ai pour ainsi dire sommeillé sous le poids d'un affreux cauchemar. Je préfère réunir en un seul faisceau les différentes négociations qui eurent lieu en des temps plus ou moins rapprochés, que de les rapporter selon leur ordre respectif. En conséquence, je vais raconter tout d'un trait ce qui me reste à dire de de mes autres relations avec Buonaparte.

Tandis que je cherchais à nouer avec lui une négociation sérieuse, les alentours du comte d'Artois imaginèrent, de leur côté, d'agir dans le même but. On ne tint point à se concerter avec moi ; cette petite cour avait la prétention de marcher seule. On ne se douterait jamais qu'elle s'avisa d'envoyer une ambassade extraordinaire à Buonaparte. Cette mission importante fut confiée à la charmante duchesse de Guiche. Elle possédait en grâces, en esprit et en beauté tout ce qui aurait pu lui assurer le succès de sa démarche avant la révolution ; mais ces avantages, loin de la favoriser auprès du premier consul, ne pouvaient que lui être contraires.

On me manda le mécontentement qu'il avait manifesté en apprenant le motif du voyage de la duchesse de Guiche à Paris, motif qu'elle ne prit aucun soin de dissimuler. Elle en fit la confidence à tous ceux qui l'approchèrent ; les propositions dont elle était chargée envers Buonaparte sont trop connues pour que je les répète. Il y fit répondre par un ordre intimé à l'ambassadrice de repartir dans les vingt-quatre heures ; et, jusqu'au moment de son embarquement à Calais, la fille de madame de Polignac fut gardée à vue. Cette conduite, bien qu'inconvenante, était excusée en quelque sorte par la folie de ceux qui avaient imaginé cette burlesque négociation. Je dois à madame de Guiche une vive reconnaissance du zèle qu'elle mit à me servir, mais en vérité je ne puis en accorder autant aux hommes qui la poussèrent à cette démarche extravagante.

Cependant le même Buonaparte qui avait refusé de s'entendre avec moi, crut pouvoir m'amener à traiter en renversant la base sur laquelle je lui avais proposé d'appuyer cette négociation. Il aspirait au titre d'empereur des Français, à ceindre la couronne de Charlemagne ; mais il lui fallait arracher celle de saint Louis et de Henri IV, qui me ceignait le front. En voyant tout plier sous sa puissante vo-

lonté, il se figurait que moi aussi je courberais la tête
sous le joug, et que je consentirais enfin à la renonciation de mes droits. Pour lui servir d'intermédiaire, il s'adressa à un homme que ma mauvaise
fortune avait fait mon ennemi je ne sais pourquoi,
au comte Julien-Henri-Charles d'Haugwitz, alors
ministre d'état prussien, et ayant sur le roi Frédéric-Guillaume III une influence qui fut bien fatale
à ce souverain. Haugwitz, né en Silésie en 1754,
avait eu une jeunesse fort orageuse ; livré à mille
débauches, perdu de dettes et entaché d'une conduite peu honorable, il donna dans les illusions du
mysticisme, et devint l'un des premiers membres
de cette secte de Théosophes qui à cette époque in-
festa l'Allemagne. Lavater trouvant à sa tête de la
ressemblance avec celle du Christ, déclara, après
l'avoir étudiée, que jamais sous une apparence aussi
séduisante il ne s'était trouvé tant d'immoralité.
Haugwitz, soutenu du crédit des illuminés ses
confrères, fut présenté à Frédéric-Guillaume II,
alors complètement sous l'empire de cette secte
désorganisatrice. Le roi de Prusse le nomma d'a-
bord son ambassadeur à Vienne, et bientôt la protection de la comtesse de Lichteneau le fit rappeler pour être mis en possession du portefeuille des
affaires étrangères. Il devait son élévation à cette
dame et à la mort du roi de Prusse. En 1799 il
passa dans les rangs de ses persécuteurs ; ce mouvement de volte-face se fit avec tant d'adresse que
le nouveau roi s'y laissa prendre et l'investit de

toute la confiance que lui avait accordée son prédécesseur. Plus tard, une médaille fut frappée en son honneur (1801), et il dirigea jusqu'en 1814 la politique prussienne. Une première disgrâce l'atteignit alors, sans toutefois lui faire perdre son droit de séance au conseil d'état. En 1805, envoyé à Vienne, où Buonaparte se trouvait alors, le comte d'Haugwitz acheva de se laisser gagner par cet usurpateur. On sait que par sa timidité il détermina la paix de Presbourg en janvier 1806. Envoyé en ambassade à Paris, il fut, à son retour en Prusse, rappelé au ministère, où il manifesta des sentimens anti-buonapartistes, poussa le roi dans une guerre dont l'issue fut si malheureuse, et éprouva une seconde disgrâce dont il ne se releva plus.

Buonaparte, dès son avènement au pouvoir, avait cherché un homme qui pût soutenir sa cause dans le cabinet prussien. Haugwitz fut désigné par Dammartin, et en effet il se montra accessible à ses séductions. Dès ce moment Buonaparte acquit à Berlin une haute influence, et s'en servit pour maintenir la Prusse dans une neutralité qui par la suite lui coûta si cher. Haugwitz donna à l'usurpateur d'autres marques de son dévouement; il en accepta l'insolente mission de traiter avec moi de mon désistement, tant en mon nom qu'en celui de ma famille, aux droits royaux que nous tenions de Dieu, du peuple et de nos pères.

Haugwitz, cependant, n'osa ou ne put se mêler lui-même de cette négociation; il en chargea

M. Meyer, président de la régence de Varsovie. Celui-ci cachait un esprit rusé sous des formes franches et naïves ; nul ne comprenait mieux les moyens dilatoires de la diplomatie. Je l'aimais peu, et le voyais rarement.

Le 26 octobre 1803, j'étais dans mon cabinet lorsque d'Avaray vint me prévenir que le président Meyer demandait une audience particulière, ayant, disait-il, une communication à me faire de la part de son gouvernement. Une communication n'était jamais sans importance pour moi : les malheureux s'effraient de peu ; tant de coups m'avaient frappé que je tendais sans cesse les épaules à de nouveaux malheurs ; néanmoins, je ne pouvais m'attendre à celui qu'on allait encore me porter.

Je fis entrer le président ; il avait une mine riante. C'était toujours ainsi qu'on m'abordait quand la fortune me préparait un nouveau calice à boire. D'Avaray était présent, selon son habitude et ma volonté ; mais M. Meyer ayant manifesté le désir de me parler sans témoins, je lui fis signe de se retirer. J'étais assis, le président debout, et il continuait à garder le silence.

— Eh bien, monsieur, lui dis-je, je suis prêt à vous écouter.

— Sire, me répondit-il, ce n'est pas sans un vif chagrin que j'aborde la question que je voudrais traiter avec Votre Majesté.

— Monsieur, je ne connais ici que le président de la régence de Varsovie, et le comte de Lille émigré français.

Je dois apprendre à qui me lira, que je gardais en Pologne un incognito très-sévère, et les agens du roi de Prusse ne l'avaient jamais levé jusqu'à ce moment. C'était donc la première fois peut-être que l'un d'eux employait les qualifications royales à mon égard. Ceci me parut de mauvais augure.

— Hélas! sire, repartit M. Meyer, la mission dont je suis chargé ne s'adresse pas à un simple gentilhomme.

— Quelle est-elle, monsieur? et puisque je dois la connaître, je vous prie de ne pas me faire attendre plus long-temps.

— Sire, puisque Votre Majesté veut que je m'explique, je parlerai. Voici donc de quoi il s'agit : le premier consul de la république française, qui désirerait achever de combler l'abîme des révolutions, a fait solliciter par l'organe de son ambassadeur à Berlin...

— Mon départ de la Pologne, m'écriai-je, et votre maître y a consenti?

— Il n'en est rien, grâces au ciel. Loin de vous faire recommencer de pénibles voyages, on voudrait au contraire assurer votre sort à venir, vous placer dans une situation sinon heureuse, du moins tranquille, vous et les princes et princesses de votre maison. Le premier consul offre sous la médiation de Sa Majesté le roi mon maître, à vous, sire, la possession de la république de Lucques, augmentée de certains cantons de la Toscane, des duchés de Massa et de Carrare, avec six millions de rente en toute propriété, dont les fonds seront faits sur la banque de Londres. Si Lucques ne vous convient point, il donnera en échange les îles Ioniennes, ou enfin tel état au choix de Votre Majesté, sur le continent d'Italie.

— Et en retour de quoi, monsieur ? car certainement Buonaparte ne veut pas être généreux gratis.

Je vis ici augmenter l'embarras de M. Meyer, qui néanmoins résolut de ne pas rester en chemin.

— Sire, on présume que Votre Majesté, que les princes de sa famille, convaincus de l'impossibilité de faire valoir utilement leurs droits, y renonceront en faveur de la république française, et dans la personne de son premier consul, Buonaparte.

— Monsieur, m'écriai-je en me levant avec vivacité, le roi votre maître n'a pu consentir qu'on me fît cette indigne proposition.

— Je viens d'après l'ordre exprès de son cabinet. Je conjure Votre Majesté d'envisager la position des choses, de reconnaître qu'elle est abandonnée, à tort sans doute, de toutes les puissances de l'Europe ; que ses plus proches parens, les rois d'Espagne et de Naples, ont signé des traités d'alliance avec le premier consul ; que l'infant duc de Parme accepte une couronne de sa main, et que l'Autriche est peu disposée à une nouvelle guerre. Vous avez déjà éprouvé, sire, les caprices de la Russie ; les cours du nord sont sans forces ; le roi mon maître ne changera pas son système politique ;

l'Angleterre combat seule (la guerre avait recommencé entre la France et la Grande-Bretagne); votre ancien royaume cède de plus en plus à l'influence du chef habile qui l'administre; la destinée a prononcé pour lui; enfin, Sa Majesté prussienne verrait avec plaisir...

— Monsieur le président, m'écriai-je en l'interrompant, ne compromettez pas le nom de votre roi. Je n'admettrai point son intervention, à moins que vous ne me présentiez une lettre autographe.

— Je la demanderai, sire.

— C'est inutile, répondis-je, j'ose dire avec assez de dignité; ma détermination sur ce point ne peut être influencée par qui que ce soit. Le roi de France, et vous aviez raison de dire, que pour parler comme vous venez de le faire, c'était à lui seul qu'il fallait s'adresser; le roi de France sait trop ce qu'il se doit, ce qu'il doit à sa famille, à son royaume et à son peuple, pour consentir à l'acte indigne qu'on veut lui arracher. Je porterai mes infortunes où Dieu voudra me conduire; la Providence fera le reste... C'est aux Français seuls que je demanderai mes moyens d'existence, et je serai plus riche que dans l'abaissement qu'on me propose : l'honneur dicte ma réponse; ma fermeté la soutiendra.

Le président, surpris, essaya de me répondre; un geste l'arrêta. J'ajoutai :

— Assez, monsieur, la matière est épuisée. Le roi de France, puisqu'il vous a plu de le reconnaître en venant lui porter de si tristes propositions, a le droit d'imposer silence en ce qui le touche, même à un sujet prussien.

M. Meyer, stupéfait, se confondit en excuses, et m'affirma qu'il n'était en cela que le porteur de propositions. Je l'interrompis encore, et après lui avoir demandé des nouvelles d'une personne de ma connaissance qui lui était chère, je le congédiai.

D'Avaray rentra dès qu'il fut parti. Dirai-je qu'il me trouva versant des larmes! Oui, sans doute, des larmes; mais le dépit seul, et non la faiblesse, me les arrrachait... Je lui contai l'infâme négociation qu'on avait osé me proposer, la part qu'y prenait le roi de Prusse; puis, m'étant assis à mon bureau, j'écrivis rapidement une lettre dont les expressions étaient si véhémentes, qu'après l'avoir relue je m'écriai:

— Je ne puis l'envoyer; nous ne sommes plus au temps où, à la voix de l'honneur, un usurpateur descendait en champ-clos. Et moi-même, pourrais-je y soutenir dignement la lutte provoquée? Mon droit est imprescriptible, je le tiens de Dieu, les hommes tous ensemble ne me l'arracheront pas; le constater par un acte nouveau et solennel est tout ce que je dois faire.

D'Avaray m'approuva, et tandis qu'il allait chercher ma famille par mon ordre, je traçai la note suivante, plus réfléchie, et qui me sembla plus convenable:

« Je ne confonds pas monsieur Buonaparte avec

« ceux qui l'ont précédé ; j'estime sa valeur, ses
« talens militaires ; je lui sais gré de quelques ac-
« tes d'administration, car le bien qu'on fera à
« mon peuple me sera toujours cher ; mais il se
« trompe s'il croit m'engager à transiger sur mes
« droits. Loin de là, il les établirait lui-même,
« s'ils pouvaient être litigieux, par la démarche
« qu'il fait dans ce moment.

« J'ignore quels sont les desseins de Dieu sur moi
« et sur ma famille ; mais je connais les obligations
« qu'il m'a imposées par le rang où il lui a plu de
« me placer. Chrétien, je remplirai ces obligations
« jusqu'à mon dernier soupir ; fils de saint Louis,
« je saurai, à son exemple, me faire respecter jus-
« que dans les fers ; successeur de François Ier, je
« veux du moins pouvoir dire comme lui : Tout est
« perdu, hors l'honneur. »

Je ne signai pas ; mon écriture faisait foi. Le duc
et la duchesse d'Angoulême étaient en ce moment
seuls près de moi ; ils venaient d'apprendre par
d'Avaray le motif qui les avait fait appeler. Madame, en entrant, paraissait vivement émue ; des
éclairs jaillissaient de ses yeux, d'où s'échappaient
en même temps des larmes d'une noble indignation.
Aussitôt qu'elle me vit elle s'écria :

— Qui renoncerait à la couronne de France,
abolirait la loi salique, et moi je serais là pour recueillir la succession de mes aïeux !

— Rassurez-vous, ma fille, lui dis-je ; les ayant-
cause d'un si beau droit ne l'abandonneront pas à

un Corse. La loi salique ne tombera pas de sitôt en quenouille.

Le duc d'Angoulême exprima à son tour le chagrin que lui causait une proposition si intempestive ; et lorsque j'eus achevé de leur lire ma note diplomatique, il me demanda la permission d'y ajouter quelques mots. Je m'empressai d'accéder à sa prière, et il écrivit aussitôt :

« Avec la permission du roi mon oncle, j'adhère
« de cœur et d'âme à cette note.

« *Signé* Louis-Antoine. »

Cela terminé, je dis à d'Avaray qui nous avait rejoints :

— Mon ami, prends la réponse du roi de France au premier consul de la république française, et porte-la officiellement au président de la régence de Varsovie, son émissaire.

D'Avaray exécuta mes ordres. Voici comment se passa son entrevue avec M. Meyer. Je voulus qu'il l'écrivît, afin de pouvoir conserver tout ce qui se rapporterait à cette affaire.

« En vertu du commandement exprès de Sa Majesté, je me suis rendu à l'hôtel de la régence, et me suis fait annoncer comme envoyé de Sa Majesté le roi de France et de Navarre. On m'a introduit aussitôt ; le président est venu à ma rencontre jusqu'à la première antichambre, et m'a conduit dans son grand cabinet. Là, j'ai remis entre ses mains la note autographe de Sa Majesté Très-Chrétienne non cachetée, mais scellée du petit sceau du roi. Le président en a fait la lecture d'après mon invitation; son front s'est obscurci, puis il m'a dit :

— « Monsieur le comte, j'admire la grandeur d'âme de Sa Majesté Très-Chrétienne, et la noble fermeté avec laquelle elle refuse de transiger de ses droits; mais il est à craindre qu'une telle réponse n'indispose vivement le premier consul, et ne le porte à user des moyens que lui donne sa puissance pour aggraver la position fâcheuse de Sa Majesté.

— « Monsieur le président, ai-je dit à mon tour, le roi, avec le tact qui le distingue, a mis dans sa note une modération telle qu'on ne peut raisonnablement se fâcher de la forme; quant au fond, il ne pouvait l'adoucir. Il s'est abstenu de qualifier Buonaparte d'usurpateur et de rebelle, autant pour ne pas désobliger des intermédiaires qu'il estime, qu'afin de ne pas irriter inutilement un homme dont l'influence en effet est immense; et nous en avons la preuve non équivoque dans ce qui se passe en ce moment.

— « Oui, monsieur le comte, a repris le président, l'influence du premier consul est grande. Aussi est-il à craindre qu'il ne l'emploie à contraindre les souverains qui fournissent des subsides à Sa Majesté Très-Chrétienne à les lui retirer... »

Ici, j'interrompis d'Avaray en m'écriant :

— Je ne redoute pas la pauvreté; et s'il le fallait, je saurais m'y soumettre comme à mes autres infortunes : mais qu'on ne s'y trompe pas, jamais je n'en serai réduit là. J'ai une autre ressource dont je ne crois pas devoir user tant qu'il me restera des amis puissans : c'est de faire connaître ma situation à la France, et de m'adresser, non à un gouvernement usurpateur, mais à mes fidèles sujets. Croyez-moi, je serais alors plus riche que je ne le suis aujourd'hui.

— Sire, me répondit d'Avaray, j'ai répété ces paroles à M. Meyer, les ayant entendues plus d'une fois de la bouche de Votre Majesté; mais, à son tour, il ne m'a pas caché que votre refus pourrait décider le roi de Prusse à vous retirer l'asile qu'il vous accorde, tant est impérieuse la volonté de Buonaparte.

— Je plaindrai le souverain qui se croira forcé de céder à une volonté de cette nature, mais je partirai.

Je crus convenable dans cette occurrence d'instruire ma famille de ce qui se passait; j'écrivis en conséquence à Monsieur dans les termes suivans :

« Mon cher frère,

« Si vous êtes disposé à céder votre part du
« royaume très-chrétien, je vous constitue un ac-
« quéreur. M. Buonaparte prétend être assez riche
« pour payer aux enfans de Henri IV l'héritage de
« leurs pères ; il vient tout récemment de m'en
« proposer la vente contre une principauté à quel-
« ques millions. La régence de Varsovie s'est mê-

« lée de cette transaction honteuse, dans laquelle
« elle n'a pas craint de compromettre son roi. »

Ici j'entrais dans les détails que je viens de donner plus haut ; puis je continuais :

« Ma détermination a été promptement prise ;
« le duc et la duchesse d'Angoulême se sont récriés
« avec indignation contre le traité infâme qu'on
« osait nous proposer. Je ne doute pas de vos senti-
« mens à cet égard, ainsi que de ceux du duc de
« Berry et des autres princes de notre sang. Ap-
« prenez-leur donc ce qu'on nous demande, et tous
« ensemble répondez comme nous l'avons fait. »

Monsieur se conforma à mes volontés ; une déclaration solennelle fut dressée par ses soins; la voici :

« Pénétrés des mêmes sentimens dont Sa Ma-
« jesté Louis XVIII, roi de France et de Navarre,
« notre seigneur et roi, se montre si glorieuse-
« ment animé dans sa noble réponse à la proposi-
« tion qui lui a été faite de renoncer au trône de
« France, et d'exiger de tous les princes de la mai-
« son de Bourbon une semblable renonciation à
« leurs droits imprescriptibles de succession à ce
« même trône,

« *Déclarons :*

« Que notre attachement à nos devoirs et à l'hon-
« neur ne nous permettront jamais de transiger
« sur nos principes et sur nos droits, et que nous
« adhérons de cœur et d'âme à la réponse de notre
« roi.

« Qu'à son illustre exemple nous ne nous prête-
« rons point à la moindre démarche qui pourrait
« avilir la maison de Bourbon, et lui faire man-
« quer à ce qu'elle se doit à elle-même, à ses an-
« cêtres et à ses descendans.

« Et que si l'injuste emploi d'une force majeure
« parvenait à placer de fait, et non de droit, sur le
« le trône de France tout autre que notre roi légi-
« time, nous suivrions avec autant de confiance que
« de fidélité la voix de l'honneur qui nous prescrit
« d'en appeler jusqu'à notre dernier soupir, à Dieu,
« aux Français et à notre épée. »

Cette déclaration était signée de Monsieur, comte
d'Artois, du duc de Berry, du duc d'Orléans, du
duc de Montpensier, du comte de Beaujolais et du
prince de Condé. Le duc d'Enghien était absent,
il habitait déjà Ettenheim, dont plus tard la résidence lui fut si fatale; mais de ce lieu, et en date
du 22 mars 1800, il m'envoya une déclaration particulière empreinte des plus nobles sentimens. Je
répandis ces pièces dans toute l'Europe, et le projet
de Buonaparte échoua.

CHAPITRE III.

Nul ne s'oppose à l'usurpation de Buonaparte. — Arrestation des généraux Georges Cadoudal, Pichegru et Moreau. — Le duc d'Enghien. — On se sert de son nom. — Buonaparte veut le perdre. — Il le fait arrêter. — Et exécuter. — Détails de ce funeste événement, fournis par Cambacérès. — Propos de Buonaparte au conseil d'État. — Motifs de ce crime. — Lettre du roi aux deux Condés. — Faiblesse des souverains. — Louis XVIII envoie au roi d'Espagne la Toison-d'Or. — Suite de cette affaire. — Buonaparte se proclame empereur. — Protestation du roi. — Propos de Buonaparte à son sujet. — MM. de Précy et Imbert Colomès sont arrêtés à Bureith. — On refuse de recevoir Monsieur à Varsovie. — Le roi se dispose à aller le rejoindre à Grodno. — Sa reconnaissance envers les Polonais.

Les menaces du roi de Prusse ne se réalisèrent pas, du moins pour le moment. Frédéric-Guillaume III n'osa manifester la part qu'il avait prise à l'intrigue qui avait pour but de me faire renoncer à mes droits. On me laissa à Varsovie, mais je n'y demeurai pas plus tranquille : l'ambition de Buonaparte vint encore m'y inquiéter. Il me fut facile de deviner que ces actes tendaient à usurper complètement mon trône. J'en prévins les souverains, qui voulurent d'abord en douter, et bientôt se rendirent à l'évidence ; mais nul ne se mit en peine de s'y opposer, ni même de protester. On aurait dit que puisque la couronne de France était tombée de la tête de Louis XVI, elle appartenait au premier qui voudrait s'en emparer.

Les rapports qui me revenaient de France achevèrent de me donner la triste certitude de ce grand attentat. La création de la Légion-d'Honneur, celle de maréchaux de France, furent les premiers retours à la monarchie. Buonaparte y arriva, et passa du consulat triennal au consulat décennal, puis au consulat à vie avec la faculté de choisir son héritier. Le clergé, la noblesse, le peuple, l'armée, la magistrature, l'administration, chaque ordre enfin, chaque classe de l'état se soumit à lui. Son énergie l'emporta sur les souverains de la vieille royauté, sur les sermons de la jeune république : tout subit le joug de ce nouveau régime.

L'Angleterre, en rompant la paix d'Amiens, avait vainement donné à l'Europe le signal d'une nouvelle lutte ; elle combattait seule. Déjà la flottille de Boulogne s'organisait. Déjà avaient lieu les préparatifs d'une descente qui inquiétaient le cabinet de Saint-James. Le ministère britannique, pour y parer, cherchait inutilement des alliés dans les divers états. Buonaparte avait pris, dès cette époque, le titre de président de la république cisalpine ; l'électorat de Hanovre était occupé par ses armes ; il avait disséminé ses troupes sur un espace immense, et menaçait quiconque serait assez hardi pour l'attaquer.

Telle était la situation des choses, lorsque Buonaparte, ne mettant plus de bornes à ses coupables projets, s'empara de ma couronne et se baigna en même temps dans le sang : on comprend qu'avant d'aller plus loin, je dois placer ici quelques éclaircissemens.

Le général Pichegru, depuis son exil, n'avait songé qu'aux moyens de se venger. Ses vues tendaient surtout à me ramener sur le trône de mes pères. Une haine invétérée contre Buonaparte l'excitait encore à poursuivre ce dessein ; sa gloire lui était importune, et il voulait délivrer les Français du joug d'une pénible tyrannie.

Moreau souffrait également avec peine son état de dépendance ; Moreau, incapable au fond d'être autre chose qu'un général d'armée, avait de temps à autre des bouffées d'ambition politique. Poussé par sa femme et par sa belle-mère, il essaya d'une vie d'intrigue tout opposée à ses habitudes. On le circonvint de ma part, on le détermina à se déclarer pour ma cause et à s'entendre avec Pichegru.

Moreau, après avoir donné son adhésion aux propositions qui lui furent faites, appela près de lui Pichegru et Georges Cadoudal. La vérité me commande de révéler ce qu'aucun de ces messieurs n'a dit : c'est qu'ils eurent ensemble des conférences dans lesquelles on arrêta le plan d'une contre-révolution. Le duc d'Enghien, dont on disposait sans l'en prévenir, était désigné pour être à la tête de ce mouvement ; on le savait aux portes de la France, et cela paraissait suffisant.

Le duc d'Enghien, pendant les campagnes de l'émigration, avait montré le courage d'un jeune prince qui met le même prix à gagner ses éperons qu'un roi déchu à reconquérir son royaume. Il ne pouvait être prince plus vertueux et plus affable ; ennemi de la politique et de la représentation, il s'était retiré à Ettenheim, lorsqu'il avait fallu poser les armes, pour s'y livrer en repos à ses goûts tranquilles. La princesse Charlotte de Rohan-Rochefort, son amie et sa parente, embellissait sa solitude, et tous les deux vivaient entièrement étrangers à la diplomatie européenne. Le duc d'Enghien aurait désiré rentrer en France ; on a même prétendu qu'il en avait fait la demande formelle à Buonaparte : c'est un point que je n'ai pu éclaircir, le bruit n'en étant venu à moi qu'après la catastrophe de ce malheureux prince. Mais je suis persuadé, jusqu'à preuve du contraire, que le duc d'Enghien entendait mieux les intérêts de son titre légitime.

Le plan arrêté entre les trois chefs de l'entreprise consistait à s'emparer de la personne de Buonaparte, à Saint-Cloud ou sur la route, au moyen d'une réunion de douze cents hommes dévoués, Vendéens, chouans ou royalistes, revêtus de l'uniforme de la garde consulaire. Tandis que Georges se chargerait de cette tâche, Moreau et Pichegru parcourraient les rues de Paris, harangueraient le peuple et la troupe, afin de les rallier à ma cause avec l'assistance de mes agens.

La police eut connaissance de ce complot. Buonaparte, dès qu'on lui en eut donné l'éveil, réunit autour de lui un conseil composé d'hommes que je ne veux ni ne dois nommer, et on y résolut de sévir avec rigueur et promptitude contre les conspirateurs. Plus d'une voix s'éleva pour appeler l'attention de Buonaparte sur le duc d'Enghien, certes bien innocent de ce qu'on avait décidé sans lui ; on lui désigna ce malheureux prince comme le seul qu'il eût à redouter dans l'avenir ; enfin on le détermina à le frapper d'un coup de mort.

Les généraux Ordonner et Caulincourt reçurent la triste mission d'aller arrêter le duc d'Enghien, en même temps que la police s'emparerait de Moreau, de Georges, de Pichegru et de leurs affidés. Cette mesure eut un succès complet : le prince infortuné, saisi, contre le droit des gens, en pleine paix, sur une terre étrangère, sans qu'aucun acte hostile de sa part autorisât cette rigueur, fut conduit à Strasbourg, puis à Paris ; et à son arrivée, mis en jugement, condamné, et fusillé dans les fossés du château de Vincennes, sous la présidence fictive du général Hullin, et sous l'influence directe de Murat et de Savary.

Je n'entrerai dans aucun des détails de cette fatale affaire, on les connaît trop bien ; la mort du duc d'Enghien eut lieu, parce que Buonaparte l'ordonna impérieusement ; toutes les formes furent indignement violées, on ne prit même pas la peine de dresser un jugement qu'après le crime consommé.

Cambacérès m'a affirmé, lors de ma rentrée, à la première audience secrète que je lui accordai, qu'il n'avait lui-même été instruit de la venue du prince que par voie indirecte. « Ce fut Fouché, ajouta-t-il, qui, la veille au soir à onze heures, comme je rentrais de l'Opéra, m'apprit cette nouvelle surprenante ; le premier consul m'avait annoncé le matin que le duc d'Enghien, arrêté, selon ses ordres, à Ettenheim, était détenu dans la citadelle de Strasbourg. — Qu'en ferez-vous ? répliquai-je. — Il servira d'otage, me fut-il répondu. J'éprouvai donc une grande surprise en apprenant que dès cinq heures du soir le prince était à Vincennes, et que Fouché, qui n'était pas encore entré au ministère, fût si bien informé d'un événement dont je n'avais nulle connaissance. Nous causâmes longtemps ensemble sur cette étrange arrivée ; il est probable que Fouché en savait plus qu'il ne m'en dit, mais du moins il ne me laissa rien deviner sur la catastrophe sanglante qui se préparait. Je crus, pour ma part, que le premier consul avait voulu voir le duc d'Enghien pour s'entendre avec lui et l'autoriser à séjourner en France. Cela ne me semblait pas plus étrange que la couronne d'Étrurie concédée à un Bourbon. Quoi qu'il en fût, je me promis d'aller le lendemain de bonne heure au château, afin de savoir ce qui résulterait de ceci.... Le lendemain, à neuf heures, un message officiel me communiqua les détails des sinistres événemens qui s'étaient passés dans la nuit à Vincennes. J'en fus étourdi, et ne pus m'empêcher de me dire : *Ce crime est si inutile, qu'il deviendra impossible de le justifier.*

Telle fut la relation que je reçus de la bouche de Cambacérès. Je savais qu'il n'aimait pas le duc d'Otrante ; aussi je donnai peu d'attention aux insinuations qu'il y glissa contre lui. Le duc d'Enghien fut ainsi assassiné, le 21 mars 1804. Cambacérès ajouta :

« Le même jour, il y avait conseil d'état : je m'y rendis. Le premier consul, que j'y accompagnais toujours, me fit dire de le précéder. Tous les membres me parurent fortement préoccupés ; les jacobins, car il y en avait au conseil d'état, quoique satisfaits que le premier consul fût devenu un des leurs par ce crime, redoutaient de ne pas être à l'abri de ses coups s'ils venaient à lui déplaire, puisqu'il n'avait pas craint de faire tomber une tête comme celle du duc d'Enghien. Le premier consul arriva enfin : son extérieur était grave, il salua, et alla prendre sa place sans rien dire, en passant, à certains de nous comme il en avait l'habitude. A peine fut-il assis, que, prenant la parole :

— « On murmure peut-être déjà, dit-il, parce que j'ai fait arrêter et exécuter le duc d'Enghien. On a prétendu qu'un autre prince de la même famille était caché chez l'ambassadeur d'une grande puissance. Que l'on sache que si ce prince était venu à Paris, il eût été arrêté, jugé et mis à mort ; que l'on sache que l'ambassadeur lui-même eût été fusillé. Rien ne m'arrêtera lorsqu'il sera question de sauver l'état et de consolider la république ; quand il s'agira de ces grands intérêts, on ne me verra jamais reculer.

« Un silence de stupeur, ajouta Cambacérès, saisit l'assemblée à ces paroles terribles prononcées d'une voix menaçante. A la sortie du conseil, je suivis le premier consul dans son cabinet, et me trouvant seul avec lui, il me dit :

— « Eh bien, que pensez-vous de ce que je viens de faire ?

— « Si vous m'aviez consulté, je vous aurais conseillé d'agir différemment.

— « Voilà pourquoi je ne vous ai pas demandé votre avis. La mort du duc d'Enghien vous paraît cruelle, inutile, impolitique même ; mais moi, je la juge nécessaire : elle prouvera à tous que ma conduite n'est pas un jeu d'enfant ; elle me délivrera de l'éternelle sollicitation de rendre le trône où je vais m'asseoir (on s'occupait alors d'établir la dignité impériale) ; en un mot, c'est mon cachet que j'imprime sur l'Europe. Désormais ceux qui seront pour moi prendront leur part de la responsabilité de cette action.

« Le premier consul passa à un autre sujet, et depuis ce moment il ne fut plus question entre nous du duc d'Enghien. »

Ainsi Cambacérès termina son récit. Je le lui fis jeter sur le papier, et ne fais que le copier aujourd'hui.

Je n'exprimerais qu'imparfaitement la profonde douleur que me causa la nouvelle de ce forfait horrible. Pendant long-temps je ne pus prononcer le nom de l'assassin sans l'accompagner d'une épithète flétrissante. La duchesse d'Angoulême se livra aussi à un désespoir trop cruellement motivé.

Il fallait manifester aux malheureux parens du duc d'Enghien la part que je prenais à leur affliction ; en conséquence, je mandai au prince de Condé et au duc de Bourbon :

« Soumettons-nous à la Providence, mes chers
« cousins, même dans ses décrets les plus cruels ;
« la maison royale de France est en butte à sa co-
« lère ; après avoir frappé deux de nos rois, elle
« vient d'atteindre votre branche dans son unique
« rejeton. Mon cœur est brisé ; les facultés de mon
« âme sont suspendues, je ne puis que redemander
« à Dieu le duc d'Enghien ; mais il est sourd à ma
« voix. Pauvre aïeul, pauvre père ! comment vous
« consolerais-je, lorsque moi-même j'ai peine à
« lutter contre mon désespoir ? La reine, mon ne-
« veu et ma nièce vous écrivent. Oh ! mon cousin,
« quel avenir nous est réservé !... »

Les souverains poussèrent un cri d'indignation en apprenant le meurtre du duc d'Enghien. Ils ordonnèrent des services funèbres en son honneur, mais n'imaginèrent rien de plus pour venger cette noble victime. Aucun d'eux ne courut aux armes. On n'opposa au sang versé que des protestations inutiles!

Après avoir donné ce gage sanglant à la république, Buonaparte osa sans pudeur placer sur son front le diadème de Charlemagne et ressusciter l'empire d'Occident dans sa personne sacrilége. Le dirai-je : je crus d'abord que ce nouvel attentat rappellerait les rois de l'Europe à leur dignité ; mais ils laissèrent paisiblement le meurtrier s'asseoir parmi eux comme un frère. Cette violation de mes droits, cette profanation de la royauté trouva des amis indifférens. Déjà le roi d'Espagne, mon héritier direct si mes deux neveux mouraient sans postérité, avait, peu de jours après l'assassinat du duc d'Enghien, décoré Buonaparte de la Toison-d'Or. En apprenant ce nouveau sacrilége, car quel autre nom donner à un pareil acte? je m'empressai de me dépouiller du collier de cet ordre et de le renvoyer à Charles IV en l'accompagnant de la lettre suivante :

« Monsieur mon frère ,

« C'est avec regret que je vous renvoie les *insi-*
« *gnes* de l'ordre de la Toison-d'Or, que Sa Majesté
« votre père de glorieuse mémoire m'avait con-
« fiés. Il ne peut rien y avoir de commun entre moi
« et le grand criminel que l'audace et la fortune
« ont placés sur mon trône, qu'il a terni du sang
« d'un Bourbon! La religion peut m'engager à

« pardonner à un assassin ; main le tyran de mon
« peuple doit toujours être mon ennemi. Dans le
« siècle présent, il est plus glorieux de mériter un
« sceptre que de le porter. La Providence, dans ses
« décrets mystérieux, peut me condamner à finir
« mes jours dans l'exil ; mais ni la postérité, ni mes
« contemporains n'auront le droit de dire que dans
« l'adversité je me suis montré un instant indigne
« d'occuper le trône de mes ancêtres. »

Le roi d'Espagne me répondit pour se plaindre de l'insulte que je faisais à un bon parent ; il prétendit avoir été forcé à agir comme il l'avait fait, et plus tard, il éprouva d'une manière bien cruelle combien Buonaparte lui conservait peu de gratitude d'une condescendance poussée au-delà de toutes les bornes. Le renvoi du collier de la Toison-d'Or fit beaucoup de bruit en Europe. Plus d'un roi s'étonna de cet acte de fermeté, et me fit insinuer, sous les formes de l'affection, que j'aurais dû éviter cet éclat.

Ces mêmes souverains auraient sans doute souhaité que j'eusse pareillement souffert sans protester l'usurpation de Buonaparte ; mais, loin de là, lorsque j'eus connaissance de la notification officielle qu'il fit à chaque cour de l'Europe de son avènement à l'empire, je dressai aussitôt la protestation suivante que je donnai ordre d'insérer dans les gazettes anglaises et dans tous les journaux du continent qui pouvaient encore se croire à l'abri de la colère de mon ennemi :

« Varsovie, 5 juin 1804.

« En prenant le titre d'empereur, et en voulant
« le rendre héréditaire dans sa famille, Buonaparte
« vient de mettre le sceau à son usurpation. Ce nou-
« vel acte d'une révolution, où tout dans l'origine a
« été nul, ne peut sans doute infirmer mes droits ;
« mais responsable de ma conduite envers tous les
« souverains dont les droits ne sont pas moins lésés
« que les miens, et dont les trônes sont ébranlés par
« les principes que le sénat de Paris a osé mettre en
« avant ; responsable envers la France, ma famille
« et l'honneur, je croirais trahir la cause commune
« en gardant le silence en cette occasion.
« Je déclare donc, en présence des souverains,
« que loin de reconnaître le titre impérial que Buo-
« naparte vient de se faire déférer par un corps qui
« n'a pas même d'existence légale, je proteste con-
« tre ce titre et contre les actes subséquens aux-
« quels il pourrait donner lieu.

« *Signé* Louis. »

J'appris par Boissy-d'Anglas que Buonaparte,
à la lecture de cet acte, entra d'abord dans une
sorte de fureur ; mais, peu après, envisageant les
choses sous un autre point de vue, il dit :

— Le comte de Lille a bien fait ; on le méses-
timerait s'il cédait sans combattre : un prétendant
doit toujours protester ; c'est la seule manière de
régner qui lui reste.

Cependant des notes menaçantes arrivèrent au cabinet prussien, auquel on demanda mon éloignement; les ministres auraient cédé, soit à l'or de Buonaparte, soit à la crainte qu'il inspirait ; mais Frédéric-Guillaume III, plus généreux que son conseil, ne voulut pas m'enlever mon asile; il résista seul, et déjoua encore par sa noble conduite les projets du chef de mes ennemis. D'une autre part, pour ne pas mécontenter Buonaparte sous tous les points, on fit enfermer, dans une forteresse d'état, MM. de Précy et Imbert Colomès, tous les deux mes agens, qui résidaient à Bareith ; leurs papiers furent saisis et remis à l'ambassadeur de France, qui les envoya à Paris ; on les livra à l'impression, et une foule de malheureux se trouvèrent compromis : je ne sais ce qu'on gagna à cet éclat.

Lorsque je me plaignis de cette violation du droit des gens, on me répondit qu'on ne s'adressait pas à mes serviteurs, mais à *des sujets* du premier consul. Je fus profondément blessé, et je compris qu'il fallait prendre de nouvelles mesures pour sortir de la pénible situation où je me trouvais placé. Je les cherchais encore, lorsque diverses lettres de Monsieur vinrent ouvrir mon cœur à l'espérance qui m'avait presque abandonné ; ce fut par cette voie que j'eus la première connaissance du traité qui allait être conclu entre l'Angleterre et l'empereur d'Allemagne ; mon frère en avait eu quelque éveil, et il tenait à me le communiquer; des propositions me concernant lui avaient aussi été faites par le cabinet de Saint-James, mais il ne voulait me les répéter que de vive voix.

Je crus chose toute simple de le faire venir à Varsovie, et j'en prévins la cour de Berlin. On me refusa d'abord ; Buonaparte, prétendit-on, avait exigé l'éloignement du comte d'Artois du territoire prussien. Cependant Monsieur était en route ; je résolus d'aller le recevoir à Grodno, ville de Lithuanie, et par conséquent faisant partie de l'empire russe. J'étais certain que l'empereur Alexandre n'opposerait aucun obstacle à mon désir ; et en effet, aussitôt que je le lui eus manifesté, il s'empressa d'y répondre de la manière la plus gracieuse.

Le czar me témoignait un intérêt qui ne se démentit jamais. Déjà, à plusieurs reprises, il m'avait sollicité de revenir à Mittau ou dans toute autre ville de ses états que je choisirais. Je me serais rendu à son invitation, mais la reine et la duchesse d'Angoulême préféraient le séjour de Varsovie ; il faut convenir que les soins et les attentions respectueuses de la noblesse polonaise à notre égard étaient bien faits pour nous attacher à cette ville. Je conserverai toujours une vive reconnaissance envers cette nation généreuse et hospitalière.

J'étais à la veille de mon départ, lorsqu'eut lieu une autre tentative contre ma personne. Je vais me servir, pour entrer dans les détails de ce crime, de la relation dressée par d'Avaray, qu'il fit publier dans les papiers d'Angleterre.

CHAPITRE IV.

Récit de la tentative d'empoisonnement contre la personne du roi. — Il part pour Grodno. — Monsieur n'y vient pas. — Le roi s'embarque à Riga. — Calmar. — Le roi de Suède. — Monsieur rejoint son frère. — L'Autriche veut la guerre. — Les Anglais offrent au roi la Martinique. — Il la refuse, et pourquoi. — Déclaration de ses droits et de ses intentions. — Abandon déloyal du cardinal Maury. — On s'oppose à la venue des princes de la maison de Bourbon à Colmar. — Un mot sur le duc d'Orléans. — Les assassins suivent le roi. — La Prusse lui retire l'autorisation de séjourner en Pologne. — Il se sépare de Monsieur. — Conseil qu'il donne à ce prince. — Le roi revient à Mittau. — Le comte de Blacas.

« Le roi faisait les préparatifs de son départ, lorsqu'une tentative infâme apprit qu'on voulait à la fois se défaire, par le poison, du roi, de la reine, du duc et de la duchesse d'Angoulême. Deux émissaires, munis d'instructions secrètes, avaient d'abord cherché dans Varsovie un homme capable, pour de l'or, de tenter un grand crime et en position de le commettre ; ils découvrirent un Français nommé Coulon, tenant une espèce de café et un billard, et qui, à quelque accès près, faisait partie de la domesticité du roi et de sa famille. Cet homme, pendant l'émigration, avait servi dans la compagnie du duc de Brienne, en Espagne, et depuis il avait été attaché au baron de Miliville, écuyer de la reine. Les émissaires espéraient d'autant mieux le suborner, qu'ils le savaient débiteur de son établissement, et ayant peu de ressources pour l'acquitter.

« Le 20 juillet ils s'abouchent avec lui, lui font plusieurs questions sur le roi, lui demandent si Sa Majesté sort souvent, si elle est accompagnée par des personnes armées. Coulon, ne soupçonnant aucune arrière-pensée dans ces questions, y répond sans détour; les émissaires s'informent ensuite à qui appartient le billard, quel est l'état des affaires du propriétaire, et en un mot, ils forcent Coulon à leur avouer sa position gênée, et lui promettent une forte récompense qui le sortira d'embarras, s'il accepte ce qu'ils ont à lui proposer.

« Coulon a l'air de prêter l'oreille à leurs propos, cachant son trouble dans les fumées du punch que les scélérats lui versent avec profusion. On se donne rendez-vous pour le lendemain; mais Coulon, après le départ des émissaires, court aussitôt tout raconter au baron de Miliville, son ancien maître, qui, de son côté, va faire part de cette révélation au duc de Pienne, premier gentilhomme de chambre du roi. Le duc en informe sans délai le comte d'Avaray, ministre de Louis XVIII, qui fait engager Coulon à poursuivre l'affaire. Celui-ci ne cède qu'en tremblant à cet ordre. Le lendemain les deux émissaires reviennent, et lui demandent s'il a réfléchi à leur proposition.

— Vous pouvez vous expliquer, répond Coulon.

« Alors les scélérats lui versent du vin de Champagne, et, au milieu de leurs libations, ils l'engagent à s'introduire dans la cuisine du roi, pour jeter avec dextérité dans la marmite le paquet qui lui sera remis.

— « Fort bien ! reprend Coulon ; mais quelle sera la récompense ?

— « Quatre cents louis, réplique un des suborneurs.

— « Es-tu bien sûr, dit son compagnon en l'interrompant, que B... veuille donner cette somme ?

— « Bah ! répond le premier, B... est à la campagne, et ne reviendra que dans deux jours.

« Coulon insiste sur la somme ; un nouveau rendez-vous est assigné pour le surlendemain, à un endroit hors de la ville, appelé le Village-Neuf. Le moment venu, Coulon s'achemine au lieu désigné ; à peine a-t-il atteint la seconde barrière des allées de Lazenski, qu'un homme qui l'a suivi de loin se réunit à un autre caché dans les blés, et tous deux lui remettent le paquet en question avec une bouteille recouverte en osier dont le contenu, lui dirent-ils, lui donnera la force d'accomplir son dessein sans trembler. Ils lui promettent, s'il réussit, les quatre cents louis et un asile en France ; mais en même temps on le menace de la mort s'il dévoile le secret.

« Coulon n'a pas plus tôt perdu de vue les deux scélérats, qu'il va trouver le baron de Miliville, auquel il ne cache rien de ce qui vient de se passer ; le baron se rend aussitôt à Lazenski, habitation de Louis XVIII. Là, il remet entre les mains du comte d'Avaray le paquet que lui a confié Coulon; le comte et l'archevêque de Reims, aussi présens, y apposent leur cachet, la police prussienne s'étant refusée à la demande formelle d'arrêter à la fois Coulon et les deux émissaires, et de dresser un procès-verbal de l'affaire.

« Le comte d'Avaray instruit ensuite le roi du projet d'empoisonnement formé contre sa personne et sa famille. Le prince ne manifeste de l'inquiétude que pour les siens, et prenant aussitôt la plume, il écrit à M. d'Hoym, président de la chambre prussienne de Varsovie, la lettre suivante :

«Varsovie, 24 juillet 1804.

« On m'a rendu compte, monsieur, d'une ten-
« tative d'assassinat dirigée contre moi. S'il ne s'agis-
« sait que de ma personne, je fermerais l'oreille à
« de pareils avis ; mais l'existence de ma famille et
« de mes serviteurs étant également menacée, je
« manquerais aux devoirs les plus sacrés si je
« méprisais ce danger. Je vous prie donc de venir
« ce soir en causer avec moi, etc. »

« Le président ne fit d'abord aucune réponse.

On était au 25 juillet, jour fixé pour le départ du roi. Sa Majesté était dans une anxiété extrême, ne voulant pas quitter Varsovie avant d'éclaircir un fait qui tenait si essentiellement à la sûreté de la reine et de Madame Royale. Enfin la réponse du président arrive, mais pour informer Sa Majesté qu'il remet l'instruction de l'affaire à la police, ne voulant pas s'en mêler. Le roi se décide alors à demander en forme : 1° qu'on s'assure de la personne de Coulon et de sa femme ; 2° que le gouvernement nomme des gens de l'art pour faire, de concert avec son médecin, l'analyse des matières réputées empoisonnées. Le président élude toute espèce d'enquête ; il était évident que les magistrats prussiens craignaient, en instruisant cette affaire, d'y trouver impliqué un coupable qu'ils voulaient ménager.

« Ne pouvant rien obtenir de ce côté, le comte d'Avaray se rend avec le docteur Lefèvre, médecin du roi, et le duc de Pienne, chez le docteur Gagatkiewich, l'un des médecins les plus accrédités de Varsovie. Là, en présence du docteur Berzengowe et du pharmacien Guidal, on procède à la levée des scellés apposés sur le paquet remis par Coulon. Vérification faite, il reste constaté que les trois carottes creuses dont il se compose, renferment une pâte composée d'un mélange de trois arsenics, blanc, jaune et rouge.

« Muni d'un certificat des médecins sur la nature du poison, le roi charge le comte d'Avaray de remettre au comte de Tilly, chef de la police de la ville, une nouvelle note, portant que, vu l'incompétence alléguée par le président d'Hoym, le roi dépose dans les mains de la police le procès-verbal et la preuve du délit. Le chef de police déclare dans sa réponse qu'on s'abstiendra de toute poursuite, l'affaire étant du ressort de la justice. C'est ainsi que la police et la justice se renvoyèrent mutuellement la balle pour ne rien décider. Telle fut la conséquence du système diplomatique adopté par le gouvernement prussien. Il ne restait plus au ministre de Louis XVIII que la faculté d'examiner et d'interroger lui-même le révélateur Coulon. Il le trouva toujours ferme dans ses assertions, et ne s'écartant en rien de ce qu'il avait d'abord déclaré. On lui fit subir un second interrogatoire, devant l'archevêque de Reims, le duc de Pienne, le marquis de Bonnay, le duc d'Havré de Croy, le comte de La Chapelle, le comte de Damas Crux, le comte Étienne de Damas et l'abbé de Firmont; et tous demeurèrent convaincus de la véracité des déclarations. »

On comprendra pourquoi j'ai préféré emprunter à d'Avaray le récit de cet attentat. J'aurais désiré pouvoir taire la conduite des agens prussiens; mais il fallait faire connaître la vérité tout entière. Du reste, je m'abstiendrai de toute réflexion à cet égard, et je me reporte de nouveau à l'époque où je me disposais à partir pour aller rejoindre le comte d'Artois au lieu désigné.

J'emmenai avec moi une partie de mon conseil, le comte d'Avaray, le marquis de Bonnay, le duc de Pienne et le marquis de Vassé. Je ne trouvai pas Monsieur à Grodno; et après l'avoir attendu vingt-un jours, j'appris que des intérêts importans le retiendraient en Angleterre jusqu'au 20 septembre. Je me décidai alors à aller au-devant de lui à Calmar, dans le royaume de Suède. Cette ville peu considérable est célèbre dans l'histoire par la réunion solennelle des trois couronnes du nord sur la tête de la reine Marguerite de Waldemar.

Je m'embarquai à Riga sur un paquebot du pays. La mer ne me traita pas mieux que la terre ; je fus assailli par une de ces tempêtes si dangereuses sur la Baltique. Je soutins ce choc des élémens avec un calme qui me permit de le décrire dans une pièce de poésie que je n'insère pas dans mes Mémoires, ayant d'autres matières plus importantes à y placer.

J'atteignis Calmar le 5 octobre. Le roi de Suède m'envoya d'abord complimenter. Il avait donné des ordres à l'avance pour qu'on me traitât en roi de France. Lui-même ne tarda pas à venir me voir. Je le reçus avec les égards que méritait sa loyauté chevaleresque. Hélas ! c'est le seul des monarques de l'Europe dont je puisse en dire autant ; le seul qui aujourd'hui erre, chassé de son royaume par des sujets rebelles... L'infortune prolongée de Gustave IV et de sa noble famille est une des douleurs les plus cuisantes qui m'obsèdent depuis mon retour. Pourquoi ne dépend-il pas de moi de lui rendre son trône ? pourquoi n'est-il pas du moins venu chercher dans mes états un asile que j'aurais eu tant de joie à lui offrir !

Mon frère arriva enfin. Le plaisir de notre réunion dissipa les légers nuages élevés entre nous par des gens qui avaient intérêt à nous brouiller. En nous embrassant, tout fut oublié, et nous ne songeâmes plus qu'au bonheur de nous revoir. Nous nous trouvâmes vieillis : quoique encore dans la force de l'âge, tous les revers ajoutent aux années.

Monsieur me confirma ce qu'il m'avait déjà mandé, que l'Autriche était en pourparlers d'alliance avec l'Angleterre, et qu'une guerre prochaine était assurée. Le cabinet de Saint-James voulut, avant de commencer les hostilités, se renforcer des concours du roi de Suède, de l'empereur de Russie et du roi de Naples. Cette coalition nous offrait encore quelques chances favorables, mais il fallait que Dieu y mît la main.

Monsieur m'apprit ensuite que le ministère anglais me faisait proposer de me transporter à la Martinique, dont on me concéderait le gouvernement, en attendant que les ciconstances me ramenassent en France : il y mettait pour condition que je céderais, en retour, à la Grande-Bretagne, les Iles-de-France et de Bourbon. Je refusai sans balancer, ne voulant à aucun prix m'éloigner de l'Europe, lorsque ma présence y était si nécessaire à l'intérêt de ma cause. On exigeait en outre que toute ma famille m'accompagnât ; c'était, en un mot, une *honnête transportation* à l'anglaise, un exil sans terme peut-être. Je le fis comprendre à mon noble frère, qu'on avait engoué de cette idée, et nous n'en parlâmes plus.

Il restait un troisième point à agiter, que nous soumîmes à un conseil. C'était la nouvelle déclaration de mes droits que je croyais nécessaire de lancer avant que Buonaparte se fît couronner par le pape. Cette dernière audace de l'usurpateur venait de m'être dévoilée, non par le cardinal Maury, mais par des personnes plus dévouées à mes intérêts. Ce prélat, comblé de témoignages de mon estime, et alors mon ambassadeur auprès du Saint-Siége, venait tout-à-coup de m'abandonner. Il n'osa pas m'instruire lui-même de sa défection, mais il me fit savoir que *des circonstances particulières* ne lui permettaient plus de me représenter auprès du souverain pontife. Je me demandai quelles pouvaient être ces circonstances, lorsque l'abbé de Montesquiou me fit connaître l'équipée de son ancien collègue à l'Assemblée constituante, et m'envoya le double d'une lettre qu'il avait adressée à Buonaparte, le 22 août 1804, pour reconnaître son autorité. Ne pouvant plus contenir mon ressentiment, je donnai commission à d'Avaray de transmettre à ce misérable renégat les expressions de mon juste mépris. De toutes les défections que j'ai éprouvées, celle-ci m'a été une des plus pénibles.

Le sacre de Buonaparte, qui devait se faire par

le pape, me tourmenta beaucoup. Je connaissais l'esprit versatile des classes inférieures, la soumission du clergé envers le Saint-Père, et je craignais que l'usurpateur ne fût légitimé aux yeux du plus grand nombre par la protection de la cour de Rome. Il importait donc que je combattisse cette influence par un acte solennel qui ramenât à leur devoir les cœurs ébranlés. En conséquence, et d'accord avec Monsieur, je dressai une pièce que des considérations particulières me firent garder dans mon portefeuille jusqu'au mois de décembre. Elle acheva d'exaspérer Buonaparte.

J'avais mandé près de moi le duc d'Orléans, le prince de Condé et le duc de Bourbon, afin d'avoir leur adhésion. Le premier et le second ne purent venir, par des causes, dirent-ils, indépendantes de leur volonté. Il y a toujours eu une puissance occulte, une force mystérieuse qui m'a poursuivi sans relâche dans mon exil. Les cabinets qui paraissaient le plus s'intéresser à moi, étaient soumis à cette fatale influence qui les empêchait de me servir sans restriction.

Déjà on essayait d'éloigner le duc d'Orléans de la branche aînée de sa famille. Je ne puis l'accuser formellement d'avoir prêté l'oreille à des insinuations coupables; mais comme, d'un autre côté, sa franchise ne m'est pas prouvée, je croirai prudent de me tenir sur mes gardes envers lui, jusqu'à ce qu'il m'ait donné des marques irrécusables de dévouement.

Quant au prince de Condé, sa fidélité m'est si connue, que je me plais à lui rendre justice. S'il ne répondit pas à mon invitation dans cette circonstance, c'est qu'il y eut impossibilité de sa part.

Les assassins qui m'avaient manqué à Varsovie me poursuivirent à Calmar, déguisés en négocians. Mais ils ne purent dépasser Guttembourg. La police suédoise les arrêta dans leur course, et force fut à eux de renoncer, pour cette fois, à leurs coupables projets.

Buonaparte profita de mon éloignement de Pologne pour solliciter de nouveau du roi de Prusse mon renvoi de ses états. Frédéric-Guillaume, faible comme la plupart des gens de bien, céda, et je reçus du cabinet prussien, par l'intermédiaire de son ministre en Suède, une note officielle qui m'interdisait mon retour à Varsovie. Je ne m'en pris nullement, de cette rigueur, à la personne du roi de Prusse, mais bien à ses conseillers. Ayant obtenu de l'empereur Alexandre d'aller séjourner de nouveau à Mittau, dans le cas où les circonstances me forceraient à quitter la Pologne, je ne me trouvais pas cette fois sans asile; aussi je reçus avec une sorte d'indifférence la note embarrassée du cabinet prussien.

Cette année m'avait été bien fatale; j'avais perdu, pendant sa durée, des hommes sur lesquels je comptais comme sur moi-même. Les généraux Pichegru et Georges, ces nobles victimes de la plus sainte cause, étaient tombés sous les mêmes coups (car je ne suis pas de ceux qui croient au suicide du premier); le duc d'Enghien et des Vendéens dévoués ; enfin, les deux Polignac, le marquis de Rivière et nombre d'autres avaient eu à craindre pour leur existence. Un usurpateur s'était élevé sur mon trône ; le pape allait lui-même consacrer son usurpation, et la Prusse, par un dernier outrage, me déniait un toit hospitalier. En un mot, mes infortunes s'étaient encore accrues, et j'ignorais ce que me réservait l'avenir.

Monsieur était forcé de retourner en Angleterre ; je me séparai de lui avec un véritable chagrin, ne pouvant fixer l'époque où nous nous reverrions. Je l'engageai à contenir ses amis, dont la témérité imprudente exposait la vie de mes serviteurs fidèles, en les entraînant dans des tentatives que je désapprouvais.

Monsieur me comprit, il me promit de ne rien autoriser qui pût me déplaire, puis nous nous séparâmes après avoir confondu nos larmes ensemble. Nos vaisseaux prirent chacun une route opposée. Le mien débarqua à Riga, d'où je me rendis à Mittau. La reine et Madame Royale éprouvèrent des difficultés pour venir me rejoindre. L'hiver avait rendu les chemins impraticables, et il fut si rigoureux, que ces princesses se virent forcées d'attendre le printemps de 1805 pour se mettre en route.

C'est à cette époque, et je la signale pour ne plus y revenir, que j'attachai le comte de Blacas à ma personne, afin de ne plus m'en séparer. Il m'inspira une affection toute paternelle, tandis que celle que je portais à d'Avaray ressemblait à la tendresse qu'un frère a pour son frère. Le comte de Blacas m'avait déjà donné, depuis Vérone, des preuves d'un dévouement sans bornes. Je pus, dans la suite, apprécier mieux encore son mérite. Il a eu le malheur de déplaire en France, et néanmoins, je suis forcé de rendre justice à sa fidélité et à ses talens. Il a eu le tort de tous les émigrés, celui de ne pas comprendre la révolution ; enfin, trop heureux de mon attachement, il a craint qu'on ne le lui enlevât. Ces deux cas expliquent sa conduite en 1814, ses fautes, qui ont eu des suites si funestes. J'ai dû l'éloigner de ma personne sans lui enlever mon amitié. Je suis certain que les miens le trouveront toujours quand ils auront besoin de lui.

CHAPITRE V.

Sentimens du roi le jour du sacre de Buonaparte. — Ce dernier propose la paix, que l'Angleterre refuse. — Il se donne la couronne d'Italie. — Troisième coalition. — Création de l'empire d'Autriche. — Les alliés éloignent le roi. — Politique du cabinet de Vienne. — Comment elle se manifeste. — La guerre éclate. — Le général Mack. — Revers de l'Autriche. — Malheurs des Bourbons de Naples. — La Prusse va changer de politique. — Mot de Napoléon au sujet de la mission équivoque du comte d'Haugwitz. — Le roi de Prusse est poussé à la guerre. — Récit des événemens survenus en 1806 et 1807. — Revers du roi de Prusse. — Les prisonniers français à Mittau. — Mort de l'abbé de Firmont. — Le roi écrit à son frère. — Visite que lui fait l'empereur Alexandre. — Leur entrevue. — L'empereur voit les princesses.

Je ne rétracterai pas ici ce que j'ai dit ailleurs sur les impressions que j'éprouvai le jour où Buonaparte fut couronné empereur des Français par Pie VII. Je ne pouvais voir qu'avec une profonde tristesse cette usurpation, qui prenait une apparence de légitimité par l'assentiment du souverain pontife. Je me renfermai dans mon appartement avec d'Avaray, le duc de Pienne et le comte de Blacas ; là nous nous étonnâmes de la tranquillité avec laquelle l'Europe acceptait cette profanation de la royauté, et surtout du consentement du pape à cet acte sacrilége. Je doutais encore de la réalité, tant elle semblait incompréhensible.

Huit jours s'étaient à peine écoulés, lorsque tout-à-coup le bruit se répandit qu'une attaque concertée entre les royalistes et les républicains avait interrompu la marche du cortége de Buonaparte ; que celui-ci, ayant voulu monter à cheval, avait péri au milieu de la mêlée, et que, tandis qu'on m'appelait dans un quartier, la république était proclamée dans un autre. Cette rumeur prit de la consistance ; il y eut encore autour de moi des illusions qui ne tardèrent pas à se dissiper : la vérité arriva avec le courrier, et les détails ne manquèrent pas sur cette parodie de l'acte le plus solennel des monarques français ; il n'y avait eu ni sédition ni révolte pendant la cérémonie ; la présence des ambassadeurs de toutes les puissances avait assuré la tranquillité. Ainsi se termina l'année 1804.

J'appris que le 14 janvier 1805 Buonaparte, en vertu de son titre impérial, avait écrit au roi d'Angleterre pour lui proposer la paix, et que cette avance, mal accueillie, augmentait encore l'animosité réciproque des deux nations. Le cabinet de Saint-James, toujours inquiété par les menaces de descentes, et les préparatifs qui en étaient la suite, continuait à négocier avec la plupart des cours du continent ; on hésitait encore ; on craignait les chances de la guerre, lorsque l'ambition de Buonaparte, s'accroissant de la faiblesse des princes, finit par leur inspirer des inquiétudes sérieuses. Il venait de s'emparer de la couronne de France, et en mars 1805 il s'adjugea également celle du royaume d'Italie.

Jusque-là l'empereur d'Allemagne pouvait espérer rentrer en possession de ces belles contrées qui, sous le titre de république, restaient au premier occupant; mais leur réunion effective à la France lui annonça clairement qu'elles étaient perdues pour lui sans retour. Cet acte le décida à recourir aux armes. Déjà, par une mesure de prudence, il avait érigé l'Autriche et ses autres états en un empire particulier et héréditaire, peut-être pour se rendre doublement respectable, et réparer, en partie, les chances que sa maison pourrait perdre dans l'avenir.

Le cabinet de Vienne laissa percer pour la première fois ses résolutions en permettant que le 11 avril un traité d'alliance eût lieu à Presbourg, en Hongrie, entre l'empereur de Russie et le roi d'Angleterre. Dès ce moment jusqu'au 9, où l'Autriche entra dans cette ligue, ce fut une série d'hostilités et de réticences qui me firent craindre que la nouvelle coalition n'eût pas des résultats plus heureux que celles qui l'avaient précédée. Mon pressentiment ne se réalisa que trop.

Avant que la guerre continentale éclatât, j'en soutenais, dans mon particulier, une fort active contre les émissaires de mes ennemis, qui, ne pouvant m'assassiner ou m'empoisonner, voulaient me faire périr par l'incendie : deux fois en 1805 ils mirent le feu au château de Mittau ; la Providence s'opposa à la réussite de ces complots infâmes, et ma vie fut encore épargnée. On fit des enquêtes sévères qui fournirent la preuve évidente que les deux tentatives d'incendie avaient eu lieu avec préméditation.

Cependant le sort des armes allait être tenté de nouveau ; j'aurais ardemment souhaité que ma cause n'eût pas été étrangère aux divers intérêts de cette guerre. Je fis à cet effet des tentatives qui échouèrent ; on en était venu à s'étonner que je prétendisse compter pour quelque chose. La politique de Vienne était toujours la même : augmenter son influence et ses états en cas de victoire, et laisser la France à Buonaparte, heureux de ce qu'on lui abandonnerait, plutôt qu'à moi, qui voudrais retrouver dans toute son intégralité le beau royaume de mes pères.

J'acquis cette fois la preuve certaine des résolutions de l'Autriche à cet égard. Quelqu'un des miens eut l'idée maladroite d'envoyer mes neveux en qualité de volontaires faire la prochaine campagne ; mais comme on savait que je m'opposerais à ce projet, on agit sous main auprès de l'empereur Alexandre, qui en fit parler à l'ambassadeur d'Autriche à Saint-Pétersbourg. Celui-ci en ayant écrit à la cour de Vienne, reçut courrier par courrier l'ordre de protester contre la présence aux armées coalisées de tout prince de la maison de Bourbon. Le motif qu'on alléguait pour les repousser était qu'il fallait combattre Buonaparte, et non la nation française, comme si la nation dans sa partie saine eût prononcé l'arrêt de notre proscription. La Prusse, plus tard, tint le même langage.

Je comprenais cette guerre avec le concours simultané de tous les alliés tendant de concert au même but. Il n'en fut pas ainsi. L'Autriche ne voulait pas attendre la Russie, afin de n'avoir point à partager avec elle le fruit de la victoire. Le roi de Naples, pour se mettre en ligne, désirait que les hostilités fussent commencées. Bref, afin de compléter tant de fautes, on choisit pour opposer à Buonaparte et aux meilleurs capitaines français, le général Mack, que les républicains avaient battu si facilement en Italie, un homme présomptueux sans capacité aucune.

Je ne me sens pas le courage de raconter dans tous ses détails la campagne rapide de 1805, si glorieuse pour les armées françaises, et que termina d'une manière si brillante la bataille d'Austerlitz. Certes, mon cœur dut être navré des revers qui achevaient de ruiner mes espérances, et pourtant une secrète joie m'arrachait des larmes d'admiration chaque fois qu'un bulletin m'annonçait quelque nouveau prodige de mes sujets révoltés. Je plaignais peu l'Autriche; j'aurais voulu seulement que ces beaux faits d'armes eussent été consommés sous la bannière de Henri IV, et non sous ce drapeau tricolore que je n'ai jamais pu envisager de sang-froid.

Mais je fus surtout atterré par les malheurs qui atteignirent les Bourbons de Naples. On sait de quelle manière, après avoir été arrêtés dans leur agression contre Buonaparte, ils accueillirent les Russes et les Anglais, lorsque la bataille d'Austerlitz décida du sort de la coalition. Buonaparte, taxant cet acte de perfidie, déclara, dans un de ses bulletins arrogans, que la maison de Bourbon avait cessé de régner sur le trône de Naples ; et pour que l'effet s'ensuivît, il chargea un de ses frères, le nommé Joseph, de l'exécution de cette sentence, digne vraiment du vieux de la Montagne, qui disposait en orient de la vie et du sort des souverains.

Les Russes se rembarquèrent au lieu de défendre ceux qui les avaient reçus dans leurs états, et les Bourbons de Naples, ne pouvant combattre seuls la puissance de Buonaparte, se retirèrent une seconde fois en Sicile, où ils séjournèrent jusqu'en 1815, époque à laquelle Murat fut chassé de Naples par les troupes victorieuses de l'empereur d'Autriche.

Joseph Buonaparte s'empara alors de ce beau royaume sans éprouver de résistance ; il n'y eut que la citadelle de Gaëte qui fut vaillamment défendue par l'héroïque prince de Hesse. Buonaparte céda Naples et son territoire à ce Joseph, qu'il devait bientôt transférer en usurpateur dans la Péninsule espagnole, et l'Europe vit sans oser se plaindre le nouvel accroissement de puissance de l'homme investi de ma couronne.

Cependant, à partir de cette époque, les dispositions changèrent en Prusse. Ce cabinet, en 1805, avait conclu un traité secret avec la Russie, l'Autriche et l'Angleterre. Lorsqu'il vit Buonaparte avancer en Allemagne jusqu'à Vienne, il crut l'heure venue de l'attaquer avec avantage, et de lui couper la retraite. En conséquence, les troupes prussiennes firent un mouvement hostile, et le comte de Haugwitz fut envoyé au quartier-général de Buonaparte, pour lui communiquer les conditions qu'on se croyait en mesure de lui dicter. Mais l'ambassadeur changea soudain de langage, lorsqu'en arrivant il apprit que mon ennemi venait de vaincre deux empereurs en rase campagne. Au lieu du message impérieux dont il était chargé, Haugwitz prit sur lui d'aller offrir à Buonaparte les expressions de l'amitié de son souverain. Ce dernier ne fut pas dupe de cette ruse, et il dit, en se tournant vers Berthier, de manière à être entendu du ministre prussien : — Voilà un compliment dont la victoire a changé l'adresse. D'après leurs positions respectives, Buonaparte ne crut pas devoir ménager le cabinet de Berlin ; il se fit céder par la Prusse les duchés de Clèves, le margraviat de Bareith, et autres enclaves qu'il destinait à Murat, son beau-frère. Puis il la fit consentir à ce qu'il disposât souverainement du Hanovre, qu'il voulait plus tard leur imposer en échange de pays à sa bienséance.

Le roi Frédéric dut en outre accéder par avance à tous les changemens politiques qui auraient lieu dans la constitution de l'empire d'Allemagne. Les potentats d'Autriche et de Russie acceptèrent les mêmes conditions.

Buonaparte profita largement de sa supériorité; il créa les royaumes de Bavière et de Wurtemberg, le grand-duché de Clèves et de Berg, la confédération du Rhin, dans laquelle entra la majeure partie des princes d'Allemagne ; ce qui, par le fait, le revêtit de la puissance de Charlemagne. Jamais souverain, depuis cet empereur, n'avait occupé tant de contrées, et dans la vieille Europe on admirait ce jeune empire, dont, selon l'expression de Napoléon, les bases n'étaient pas encore posées.

Cependant le roi de Prusse, vivement tourmenté par les princes de son sang, ne pouvait se décider encore à prendre les armes pour s'opposer à une ambition qui menaçait de plus en plus l'Europe de ses envahissemens. Le royaume de Naples et toute l'Italie subissaient directement ou indirectement le joug de Napoléon ; le traité de paix de Presbourg enlevait à l'Autriche les anciens états de Venise, la Dalmatie, l'Albanie, la principauté d'Eichstadt, une portion de l'évêché de Passau, Augsbourg, le Tyrol, et enfin tout ce que François II possédait en Souabe, dans le Brisgau et l'Ortrenau. Ces états enrichissaient le royaume d'Italie et ceux qui allaient surgir de Bavière et de Wurtemberg ; par cet article secret, ce souverain vaincu renoncerait au titre d'empereur d'Allemagne et à tous les avantages qui en ressortaient. Cette dernière humiliation fut acceptée comme les autres ; j'admirais avec quelle rigueur la Providence me vengeait de la maison d'Autriche qui ne cessait de rêver son agrandissement aux dépens de mes droits.

Mais le jour même de cette paix fatale, de nouveaux élémens de guerre se manifestèrent : la Prusse, honteuse de sa faiblesse, prétendit tout-à-coup lutter seule ; une alliance plus intime fut conclue entre elle, la Russie et l'Angleterre. Ici se renouvela la faute de l'année précédente : la Prusse se mit en ligne avant que les Russes fussent arrivés, et cette précipitation amena les plus grands désastres.

Déjà l'empereur Alexandre avait refusé de ratifier le traité conclu en son nom par M. d'Oubril avec Buonaparte ; ceci donna l'éveil à l'usurpateur ; les préparatifs de la Prusse, la jactance de ses jeunes officiers, achevèrent de l'éclairer. Aussitôt, prenant une décision avec cette promptitude qui lui a presque toujours réussi, il commença dans le mois d'octobre 1806 cette campagne de dix jours seulement qui détermina la ruine de son adversaire. Le prince Louis de Prusse fut tué sur le champ de bataille ; le duc de Brunswick, blessé d'un coup de feu qui lui enleva la vue, alla mourir à l'écart. Berlin n'eut plus qu'à ouvrir ses portes ; toutes les forteresses prussiennes se rendirent sans résistance : l'Europe apprit presque à la fois le premier coup de canon de cette guerre et la fin de l'existence politique du royaume de Prusse.

Les hostilités, suspendues en partie à cause de l'hiver, éclatèrent avec une nouvelle vigueur dès le mois de février ; enfin la bataille de Friedland, gagnée par Buonaparte, le 14 juin, sur les Russes et les Prussiens réunis, contraignit les souverains à faire la paix. Le roi de Prusse y perdit le duché de Varsovie, qui fut donné à la Saxe, et plus d'un tiers de son territoire ; ses états furent tellement morcelés au profit des royaumes de Westphalie et de Saxe, que l'héritier du grand Frédéric ne pouvait plus compter pour une puissance. Le reste de l'Allemagne passa sous le joug de Napoléon, qui déclara s'opposer désormais à l'alliance d'aucun royaume continental avec l'Angleterre.

Tout cela ne suffit pas à Buonaparte ; il fallut encore que l'empereur de Russie, accédant à tous ces projets, *s'honorât* du titre de son ami. Ceci eut lieu à la paix de Tilsitt, et plus tard aux conférences d'Erfurth. Cette paix consolida la puissance du conquérant avide ; avant la fin de l'année les Bourbons d'Etrurie avaient perdu leur trône ; la maison de Bragance ne régnait plus sur l'antique Lusitanie, et avait été chercher un asile dans le Brésil.

Tant de catastrophes imprévues, tant d'empires bouleversés par l'usurpateur de mes droits, me plongèrent dans un étonnement douloureux. Chaque courrier m'apportait une nouvelle affligeante ;

chaque bataille perdue par les alliés m'éloignait de plus en plus de ma couronne, ou plutôt, par un de ces mystères incompréhensibles de la Providence, était l'échelon qui m'en rapprochait ; car désormais les souverains, mieux éclairés sur leurs véritables intérêts, devaient comprendre ce que j'ai dit tant de fois, qu'on ne peut briser un trône sans ébranler tous les autres.

Quoique Mittau fût à l'écart, nous y reçûmes bientôt des prisonniers français blessés ou malades. J'aurais donné tout ce que je possédais pour communiquer avec eux, pour leur prouver par mes soins que j'étais toujours père de mon peuple ; mais tous refusèrent de me voir : à tel point le prestige de gloire qui entourait Buonaparte agissait sur eux. D'ailleurs, la politique russe s'opposa à ce que je cherchasse à ramener dans ces cœurs français des sentimens plus naturels : je fus donc forcé de rester à l'écart.

Cependant un vénérable confesseur de la cause royale me remplaça auprès de ces guerriers intrépides : l'abbé de Firmont parut au milieu d'eux, les consola, les exhorta, et s'efforça de leur inspirer le désir de se rapprocher de moi. Mais hélas ! il fut lui-même atteint de l'épidémie qui régnait dans l'hôpital. La duchesse d'Angoulême, instruite du péril que courait le vertueux prélat, voulut le soigner elle-même jusqu'à ses derniers momens. La sollicitude de Madame, les vœux que nous formions tous, furent inutiles. Dieu appela à lui le saint abbé, pour qu'il allât chercher dans un meilleur monde la seule récompense digne de ses vertus; ce fut le 22 mai 1807. Je fis graver sur sa tombe modeste une épitaphe que je composai moi-même. Mon premier soin, en rentrant en France, eût été d'obtenir la barrette pour l'abbé de Firmont si la Providence l'eut conservé jusque-là. Voici en quels termes j'écrivis à son frère pour lui communiquer cet événement :

« La lettre de M. l'archevêque de Reims vous
« instruira de la perte douloureuse que nous ve-
« nons de faire. Vous regretterez le meilleur, le
« plus tendre des frères. Je pleure un ami, un
« bienfaiteur, qui a conduit aux portes du ciel un
« roi-martyr, et m'en traçait à moi-même la route.
« Le monde n'était pas digne de le posséder long-
« temps. Soumettons-nous en songeant qu'il a reçu
« le prix de ses vertus. Mais il ne nous est pas dé-
« fendu d'accepter des consolations d'un ordre in-
« férieur, et je vous les offre dans l'affliction géné-
« rale que ce malheur a causée. Oui, monsieur, la
« mort de votre digne frère a été une calamité pu-
« blique. Ma famille et tous les fidèles Français
« qui m'entourent ont cru, ainsi que moi, perdre
« un père. Les habitans de Mittau, de toutes les
« classes, de toutes les croyances, ont partagé
« notre douleur, et l'ont suivi jusqu'à sa dernière
« demeure, qu'ils ont arrosée de leurs larmes.

« Puisse ce récit adoucir vos regrets ; puissé-je
« aussi donner à la mémoire du plus respectable

« des hommes une nouvelle preuve de vénération et
« d'attachement. »

Ce que je disais était exact. Cette perte m'était d'autant plus sensible que je n'avais jamais eu plus besoin de consolation. La Prusse venait d'être complètement écrasée, et l'empereur Alexandre s'avançait au secours de son malheureux allié. En se rendant à l'armée, il me fit annoncer sa visite, qui me surprit au milieu d'une violente attaque de goutte. Mes jambes étaient fort enflées, et j'avais peine à marcher.

Sa Majesté l'empereur Alexandre arriva le 30 mai, à sept heures du soir. Il se dirigea d'abord vers l'appartement du duc d'Angoulême, qui, prévenu, s'était avancé à l'entrée du château pour le recevoir. L'empereur avait avec lui une suite peu nombreuse. Après les premiers complimens échangés, il demanda à mon neveu *s'il aurait l'honneur de voir le roi de France.*

Le duc d'Angoulême répliqua en riant que Sa Majesté Très-Chrétienne ne refuserait pas une aussi bonne visite, et sur-le-champ il le conduisit chez moi.

Surmontant mes douleurs et appuyé sur le bras de Blacas, j'arrivai jusqu'à la première porte au moment où l'empereur la dépassait. Nous nous embrassâmes en frères, et je puis ajouter en souverains. Alexandre, pour s'affranchir de toute étiquette, voulut que je m'appuyasse sur lui, et nous traversâmes ensemble le salon. Il se montra très-gracieux envers les personnes que je lui présentai, puis nous nous retirâmes tête à tête dans mon cabinet de travail, où nous nous assîmes sur des fauteuils égaux près l'un de l'autre.

L'empereur s'empressa de me témoigner un vif intérêt, et manifesta le regret que les circonstances ne lui eussent pas permis de me le prouver plus tôt ; puis il ajouta :

— Si Dieu protége mes armes, ma plus douce satisfaction sera de ramener en France Votre Majesté.

— Et la mienne, dis-je, consistera à y entrer sous vos auspices. J'espère tout de la bravoure de vos troupes.

— Je me flatte aussi qu'elles feront leur devoir.

Mais cela fut dit sans chaleur, et j'ajouterai sans conviction. Un pressentiment funeste glaçait le czar.

— Il serait glorieux, poursuivit-il, de vaincre un homme invincible ; car jusqu'ici la victoire s'est toujours déclarée pour Buonaparte.

— Cependant elle ne lui a pas été complètement favorable à Eylau.

— Mes soldats valent les siens, mais la tactique des officiers français est supérieure à la nôtre ; c'est là ce qui donne tant d'avantage à Buonaparte. Cependant je ne suis pas sans espoir, car ma cause est juste, et Dieu la soutiendra.

Nous parlâmes ensuite du roi de Prusse, des monarques alors sous la dépendance de Napoléon, puis de la nécessité de mettre un frein à une ambition aussi colossale. Je ne trouvais dans l'empereur aucun enthousiasme pour la cause des souverains malheureux. Il me parut moins haïr Buonaparte qu'il ne craignait l'Angleterre ; je ne puis rapporter ce qu'il me confia à ce sujet. Au demeurant, je ne reconnus en lui que le désir de se justifier de toute participation à un acte coupable. Il revint sur Buonaparte, dont il s'occupait avec une sorte de plaisir. Je compris facilement que cet homme agissait sur son imagination, et qu'en définitive il était plus disposé à s'entendre avec lui qu'à le combattre. Je dus, à part cette conviction, être satisfait de la manière dont il chercha à me rassurer sur mon avenir, me répétant à diverses reprises que, quoi qu'il arrivât, il ne m'abandonnerait jamais, que je trouverais toujours une place dans ses états et dans son amitié. Je remarquai en outre dans Alexandre une tendance à l'illuminisme, qui plus tard se manifesta complètement. Somme totale, il me parut plein de loyauté et de désir de faire le bien ; mais je ne découvris pas en lui ce génie, ces inspirations élevées qui distinguaient Pierre-le-Grand et Catherine II.

Notre entretien se prolongea ainsi pendant une heure et demie ; l'empereur me demanda alors de le présenter à la reine et à Madame Royale. Nous nous rendions à leur appartement, lorsque l'une et l'autre, conduites par le duc d'Angoulême, arrivèrent dans le mien comme nous en étions convenus à l'avance. L'empereur eut envers les princesses une galanterie toute chevaleresque ; il leur exprima en termes gracieux le respect et l'intérêt qu'elles lui inspiraient ; il accueillit parfaitement leurs principaux officiers, leur présenta à son tour le comte de Tolstoï, qui l'avait accompagné, puis nous laissa charmés de ses bonnes dispositions et de sa politesse exquise.

CHAPITRE VI.

Le roi quitte la Russie après la paix de Tilsitt.—On refuse de le recevoir en Angleterre. — Il est appelé par la famille royale de ce royaume.—Sa lettre d'adieu à Alexandre. — Il va de Riga à Guttembourg.—Il y trouve le duc de Berry. — Pourquoi sa présence inquiète le ministère anglais.—Ordres donnés pour sa réception et son séjour en Écosse. — Il veut aller à Londres et être reçu en roi de France. — On s'y oppose. — Note diplomatique qu'il dicte à ce sujet.— Réponse du cabinet de Saint-James. — Le roi consent à l'incognito. — Il débarque à Yarmouth. — Le comte de Beaujolais. — Le duc d'Orléans. — Le prince de Condé. — Le duc de Bourbon.— Monsieur. — La colonie française. — La cour de Monsieur.— Mort de l'évêque d'Arras.—Le roi va habiter Goldfeild-Hall.— Le marquis de Buckingham. — La famille royale d'Angleterre. — George III. — Un prince du sang ne doit pas être de l'opposition. — Le roi d'Angleterre et le duc d'Orléans. — Anecdote.

Certes les paroles de l'empereur Alexandre avaient été formelles ; un asile m'était assuré dans ses états, quelles que fussent les chances de la campagne qui allait s'ouvrir. Cependant l'issue de cette guerre désastreuse et les liaisons qui s'établirent à la suite entre Alexandre et Napoléon, me déterminèrent à prendre un parti extrême, celui de sortir de l'empire russe désormais livré à l'influence du cabinet des Tuileries. La reine et Madame Royale appuyèrent vivement cette résolution, et ma nièce déclara que dès le jour où l'Europe entière passait pour ainsi dire sous le joug de Buonaparte, nous devrions quitter le continent.

Déjà le cabinet de Londres, qui perdait tous les jours ses alliés, se rapprochait de moi d'une manière marquée. Un reste de réserve pouvait cependant m'inquiéter encore. On me témoignait le désir de m'obliger, sans pour cela m'offrir ce refuge que je craignais de ne trouver chez nulle autre puissance. On paraissait même redouter que je portasse mes malheurs sur le sol britannique; et lorsqu'on put croire que tel était en effet mon dessein, on me signifia d'une façon semi-officielle qu'en quittant la Russie, ce que j'avais de mieux à faire était d'aller à la Martinique, comme on me l'avait déjà proposé; on ajouta que dans aucun cas *le roi de France* ne serait reçu en Angleterre.

Cette communication me navra le cœur. J'étais décidé plus que jamais à ne point passer en Amérique; mais quelle contrée habiter? Je n'en voyais aucune, à l'exception de la Suède; et je ne sais quelle prévision, quelle voix intérieure, me défendait de songer à m'y établir. Sans pouvoir bien m'expliquer pourquoi, je pressentais que le règne de Gustave IV ne serait pas de longue durée.

J'étais donc dans un extrême embarras, lorsque tout-à-coup je reçus par une voie mystérieuse, de la part de la reine d'Angleterre et du prince de Galles, l'assurance positive que la famille royale de la Grande-Bretegne m'accueillerait avec plaisir si je passais de mon plein gré en Angleterre. Le bon roi George, dans un intervalle lucide, me fit tenir le même langage, ajoutant que je ne devais avoir nul égard aux démarches ostensibles du cabinet anglais, qui seraient paralysées par la ferme volonté des chefs naturels de la nation.

J'avais besoin de ces assurances ; mais confiant seulement ce secret à ma famille et à mes intimes, je parus prendre à l'aventure une détermination ainsi appuyée ; et au moment de sortir des états du czar, voici en quels termes je lui en donnai connaissance :

« Monsieur mon frère,

« Dieu ne veut point que je vous importune plus
« long-temps. Je ne puis assez vous témoigner ma
« gratitude pour l'hospitalité généreuse et les mar-
« ques d'attachement que vous m'avez données,
« ainsi qu'à ma famille. Recevez mes remerciemens,
« et soyez persuadé que mon cœur est plein de tout
« ce que vous avez fait pour moi. Le temps viendra,
« je l'espère, où je serai, par le secours de la Pro-
« vidence, en position de convaincre votre majesté
« qu'elle n'a pas obligé un ingrat. En attendant,
« je ne renonce point à réclamer vos bons offices,

« bien que je m'éloigne du lieu où je les recevais
« de plus près. La reine, M. le duc et madame la
« duchesse d'Angoulême se joignent à moi pour
« vous exprimer les mêmes sentimens.

« Je suis, etc. »

La réponse de l'empereur fut conforme à la noblesse et à la générosité de son caractère ; je n'eus qu'à m'en louer sur tous les points.

Je m'embarquai de nouveau à Riga au mois d'octobre 1807, avec les serviteurs qui voulurent suivre ma fortune. Le duc d'Angoulême m'accompagnait ; nous avions laissé la reine et Madame Royale à Mittau, où elles devaient séjourner jusqu'à ce que je fusse établi convenablement en Angleterre. Je me dirigeai d'abord vers la Suède, où j'étais assuré d'être bien accueilli. En effet, en débarquant à Gothembourg, on me fit une réception royale par ordre de Gustave IV. Je trouvai dans ce port le duc de Berry, qui était venu pour m'y voir, ainsi que son frère. Je l'embrassai avec d'autant plus de joie qu'il était bien digne de mon attachement.

Le duc de Berry me conta avec quel soin on l'empêchait de chercher les occasions d'acquérir de la gloire. Mes consolations n'adoucirent qu'imparfaitement son chagrin.

Le roi de Suède ne put venir me joindre ; mais il mit à ma dispoistion et à mon commandement exprès la belle frégate suédoise *la Fréga*, qui me conduisit en Angleterre. Je partis dès le mois de novembre; aucun message de ma part n'avait annoncé mon projet au cabinet de Saint-James. Je savais que la famille royale m'attendait, et cela me suffisait. Je me dirigeai donc vers la Grande-Bretagne, sans en faire mystère.

Le consul de Riga, celui de Gothembourg et tous les agens anglais, sur le continent, se hâtèrent d'en donner avis au ministère de leur nation. Le cabinet de Londres, à cette nouvelle, fit préparer, pour me recevoir, le palais d'Holyrood, en Écosse; puis on expédia dans tous les ports où je pouvais toucher, l'ordre de me prévenir de faire voile pour Leith, afin de me rendre de là à Édimbourg.

Ce n'était pas cependant mon dessein. Je voulais, en abordant en Angleterre, être reçu en roi de France, et aller d'abord à Londres au palais de Saint-James, pour y protester contre l'usurpation de Buonaparte. Mais cette satisfaction me fut interdite. On représenta au conseil que me reconnaître roi de France, c'était s'engager d'honneur à me soutenir, et que si la nécessité forçait à faire la paix avec le gouvernement de Buonaparte, ce serait mettre à ce traité un obstacle invincible.

Ces considérations toutes politiques furent écoutées; un Anglais n'oserait soutenir ce qui serait préjudiciable à sa nation, quelque gloire d'ailleurs qui pût en ressortir pour lui et pour elle. En conséquence, la famille royale, malgré son vif désir de m'obliger, renonça à me recevoir à Londres, et le cabinet décida qu'on me traiterait comme comte de Lille, c'est-à-dire en simple particulier.

Tout cela se discutait tandis que je voguais sur l'Océan; aucun avis ne m'en vint avant mon entrée dans le port d'Yarmouth. Grande fut donc ma surprise, lorsqu'un messager de la couronne me communiqua les volontés du gouvernement. Je les reçus avec calme, bien que mon cœur fût péniblement affecté. Je dictai à d'Avaray, qui voulait répondre en mon nom, la note suivante :

« Sa Majesté le roi de France, en abordant la
« côte d'Angleterre, n'a eu nullement l'intention
« d'y venir chercher un asile obscur que lui offrait
« la cour de Russie, et qu'il obtiendrait encore s'il
« lui plaisait d'y retourner rejoindre sa famille, la-
« quelle y jouit de tous les honneurs dus à son rang.
« Sa Majesté le roi de France est venue, non pour
« demander une retraite, mais pour traiter de gra-
« ves intérêts qui sont également ceux de la Grande-
« Bretagne. Il importe donc à Sa Majesté le roi de
« France d'aller à Londres y conférer sur une poli-
« tique commune; si on s'y oppose, elle retour-
« nera en Russie, où elle trouvera toujours un
« établissement convenable à sa dignité et à sa
« présente position. »

Cette note, rapidement dictée à un secrétaire, partit incontinent. Le conseil des ministres s'étant assemblé, en prit lecture, la discuta, et en réponse dressa la pièce suivante, dont il me fallut forcément accepter les propositions, parce qu'au fond je connaissais bien l'impossibilité de mon retour à Mittau.

« *Si le chef de la famille des Bourbons* consent
« à vivre parmi nous, d'une manière conforme à
« sa situation actuelle, il y trouvera un asile ho-
« norable et sûr ; mais la guerre où nous sommes
« engagés nous rend trop nécessaire l'appui una-
« nime du peuple anglais pour que nous consen-
« tions à nous compromettre par une détermina-
« tion imprudente. La soumission presque entière
« du continent sanctionne en quelque sorte l'ordre
« de choses qui existe en France ; et certes, le
« moment d'abandonner une politique prévoyante
« et sage serait mal choisi. En reconnaissant
« Lous XVIII, nous offririons une belle occasion
« aux ennemis du gouvernement, de l'accuser d'in-
« troduire des intérêts étrangers dans une guerre
« dont le caractère est purement britannique. »

Cette note, ai-je dit, trancha la question ; il n'y eut plus possibilité de la combattre, l'intérêt personnel ayant parlé. Cependant on me permit de débarquer à Yarmouth, et le commandant du port reçut même l'ordre de me rendre tous les honneurs compatibles avec mon incognito, et de me laisser agir à ma volonté.

Monsieur vint au-devant de moi accompagné des princes français. J'eus surtout du plaisir à revoir le comte de Beaujolais, que j'avais laissé enfant en sortant de France. Maintenant il s'offrait à moi sous l'apparence d'un jeune homme fait. Je dis l'apparence ; car déjà il portait en lui le germe de la maladie de poitrine qui venait d'enlever son frère, le duc de Montpensier, au mois de mai de cette année. La noble sensibilité de son accueil me toucha, je reconnus en ce jeune prince toutes les vertus de son auguste mère.

Le duc d'Orléans me parut plus froid qu'à notre première entrevue. Le prince de Condé était inconsolable du malheur qui l'avait frappé dans son petit-fils ; je fus surpris de trouver le duc de Bourbon beaucoup plus calme. Quant à mon frère, il me reçut avec amitié ; nous causâmes long-temps de nos affaires communes. Je le crus découragé, mais il était seulement résigné.

Bientôt arrive à la suite de ma famille toute l'émigration. Quel commérage, grand Dieu! et comme le malheur rapetisse les petits esprits! Chacun vantait sa fidélité aux dépens de celle de son voisin. Je ne crus pas devoir prendre part à ces querelles, qui me semblaient aussi inconvenantes qu'impolitiques, et résolus de me soustraire à leur fatale influence en me repliant dans ma réserve habituelle.

Mon premier soin, en débarquant, fut de m'occuper du lieu où je m'établirais à la distance de Londres qui m'était prescrite. J'avais mille raisons pour me refuser d'aller à Édimbourg. La cour de mon frère, qui ne me plaisais guère, y aurait nécessairement été mêlée avec la mienne ; on aurait attribué aux uns les fautes des autres, et c'est ce que je voulais éviter.

Je ne trouvai plus au milieu des émigrés l'évêque

d'Arras, décédé depuis 1804, à la suite de plusieurs attaques d'apoplexie ; sa fin toute chrétienne me porta presque à le regretter. Ce prélat, avec les meilleures intentions, avait fait à Monsieur un tort infini ; mais ne remuons pas la cendre des morts : que Dieu lui fasse paix !

Le marquis de Buckingham, l'un des plus nobles et des plus dignes Anglais de l'époque, et dont la famille avait été si fidèle aux Stuarts, ayant appris l'embarras où j'étais pour trouver un lieu d'établissement convenable à ma situation et à mes projets, vint offrir, d'une manière aussi gracieuse que délicate, son château de Goldfield-Hall, situé dans le comté d'Essex. Cette demeure était digne, par son antiquité et sa magnificence, d'être occupée par un roi avec la couronne sur la tête. J'hésitais à accepter l'invitation du marquis ; mais il y mit tant d'insistance, que je cédai enfin à ses désirs. Ce beau séjour devint donc mon premier asile sur le sol de la Grande-Bretagne.

Je m'y rendis aussitôt après mon débarquement, car il y eut peu de préparatifs à faire pour m'y recevoir, attendu la splendeur habituelle qui régnait à Goldfield-Hall. Le noble pair m'en fit les honneurs avec cette urbanité respectueuse, cette exquise politesse qui distinguaient les seigneurs de la cour de Louis XIV, mon glorieux aïeul. Sa conduite à mon égard, ainsi que celle des Anglais de distinction qui voulurent bien me rendre leurs devoirs, me rappela l'accueil que j'avais reçu en Pologne. Je me crus presque transporté à Versailles, dans l'habitation de mes pères.

Je n'avais pas attendu le moment de mon arrivée à Goldfield-Hall pour témoigner ma reconnaissance à la famille royale d'Angleterre, dont les attentions envers moi ne se sont jamais démenties. Je leur dépêchai le fidèle d'Avaray, qui leur exprima ce que j'aurais eu tant de plaisir à leur dire de vive voix.

La famille royale d'Angleterre était alors extrêmement nombreuse, et composée ainsi qu'il suit :
Le roi George III, né en 1738, le 25 mai, de George II, roi d'Angleterre, et de la reine sa femme, princesse de Saxe-Gotha. George III vint au monde à sept mois, ce qui fit craindre pour la brièveté de sa vie ; mais son tempérament se fortifia avec l'âge. Son éducation, confiée à lord North, fut très-soignée ; sa mémoire et son application répondirent aux soins qu'on se donnait pour le rendre digne de la vénération de son peuple.

Ce prince adopta fort jeune le système de l'opposition, sorte de robe d'étiquette dans la Grande-Bretagne, que revêt l'héritier présomptif de la couronne ; principes de convention que je n'approuve pas. Il n'est jamais prudent qu'un prince appelé à succéder au roi régnant affecte une opinion politique autre que celle du roi lui-même. C'est une défection qui jette du mépris sur celui qui, en montant sur le trône, se montre tout-à-coup différent de ce qu'il a été jusque là. On pardonne rarement dans un prince ce brusque changement de conduite, et il en résulte une déconsidération à laquelle il ne peut se soustraire.

La paix d'un état repose principalement sur la stabilité de ses institutions, sur la marche fortement arrêtée de son système. Comment donc cette paix peut-elle se maintenir lorsqu'on voit l'héritier présomptif décrier ces mêmes institutions, présenter sous un point de vue odieux ce qu'il devrait respecter et protéger? C'est annoncer qu'une fois sur le trône il brisera tout ce qui fait la sûreté de la nation. Dès lors les esprits s'agitent, chaque parti s'apprête à se combattre réciproquement, et de cette désunion découle un malaise général qui par une pente insensible conduit aux émeutes et aux révolutions.

George III monta sur le trône le 15 octobre 1760, à l'âge de vingt-deux ans. Je n'entrerai dans aucun détail de son règne. Un des événemens qui le signalèrent est sans contredit la séparation de l'Amérique du Nord de la mère-patrie, et la suppression du parlement irlandais, équivalant à la réunion définitive de l'Irlande à l'Angleterre et à l'Écosse.

Si le roi ne détermina pas à lui seul ces actes importans, si les chances heureuses de son règne ne peuvent lui être uniquement attribuées, il est juste de dire qu'il y contribua beaucoup tant que sa raison ne fut pas obscurcie. Peut-être ne donna-t-il pas toujours sa confiance à des hommes habiles, mais du moins il ne repoussa jamais ceux que la nation lui demanda d'employer. C'est raisonnablement tout ce qu'un roi peut faire.

George III se distingua par des mœurs et des vertus privées. Simple dans ses goûts, ennemi du faste, il vivait dans son intérieur plutôt en bourgeois qu'en roi.

Cependant le premier de sa race, autant qu'un roi d'Angleterre le peut faire, il protégea les arts, les peintres surtout ; les sciences ne furent pas non plus délaissées par George III ; enfin la musique fut pendant toute sa vie son délassement de prédilection, et quand une maladie cruelle eut affaissé son intelligence, il demeurait encore sensible à une mélodie harmonieuse qui seule l'arrachait en partie à sa pénible situation.

George III fut, parmi les souverains de l'époque, celui que la révolution française put compter au nombre de ses plus ardens ennemis. Jamais il ne consentit à se rapprocher d'elle. — C'est bien assez d'avoir reconnu une république sous mon règne, disait-il (les États-Unis); je n'en reconnaîtrai pas deux. Son indignation se portait surtout sur le duc d'Orléans. Lorsque Louis XVI, après les événemens du 6 octobre 1789, envoya ce prince en Angleterre, George III, la première fois qu'il se présenta devant lui, le regarda avec un air sévère, puis il lui dit :

— Monsieur, comment se portent le roi et la reine de France ? vous voudrez bien, lorsqu'ils vous permettront de les revoir, leur témoigner l'amitié que je leur ai vouée, et les assurer de mes dispositions à les soutenir contre d'insolens rebelles. La cause de Louis XVI est celle de tous les souverains ; je suis charmé de vous l'apprendre, et j'ajouterai que j'éprouve le plus profond mépris pour ceux qui affligent aujourd'hui l'auguste chef de votre maison... Quand repartez-vous, monsieur?

George III tourna alors le dos au duc d'Orléans stupéfait, et ne lui reparla plus, bien que le prince se présentât encore plusieurs fois devant lui.

CHAPITRE VII.

Suite du portrait de George III. — La reine d'Angleterre. — Leurs enfans. — Inconvéniens de la loi qui appelle les filles à la couronne. — Aperçu de la constitution anglaise. — Anomalies. — Lois et coutumes bizarres. — Sheridan compare le jurisconsulte anglais au lettré chinois. — Le roi est une fiction. — Le diable est sur le point d'être qualifié d'*ami cousin* par George III. — Le parlement. — La chambre des pairs. — Son influence. — Quelles en sont les causes. — L'étiquette souveraine en Angleterre. — La chambre des communes. — Elle ne représente pas le peuple. — Comment on fait les députés. — La constitution anglaise est oligarchique. — Comment l'état actuel des choses s'est établi. — Ses chances de revers. — Propos de George III.

Le roi d'Angleterre, grâces à la tranquillité de sa vie privée et à l'excellence de son tempérament, avait joui d'une santé que rien n'altérait, lorsque tout-à-coup il fut attaqué, en 1787, d'une aliénation mentale. Des soins assidus et l'habileté du docteur Willis le ramenèrent promptement à la raison sans pour cela rassurer la famille royale sur l'avenir. En effet, en 1792, le roi retomba dans le même état, et sa maladie se montra sous un aspect si saillant, qu'on agita dans le parlement la question d'une régence. Des instans lucides survenus à George III éloignèrent cette mesure extrême, qui n'a été prise qu'en 1810, lorsqu'on fut persuadé que le libre exercice de ses facultés morales ne lui serait pas rendu. Mais en aucun temps Sa Majesté britannique n'a perdu l'usage de ses facultés physiques, qui même depuis sa folie prirent un développement extraordinaire.

George III, au moment où je débarquai, était privé de sa raison. Le conseil des ministres gouvernait glorieusement les trois royaumes sous l'influence de la reine et du prince de Galles. Je ne pus donc m'adresser directement au roi pour le remercier ou entretenir avec lui ces rapports qui m'auraient été si agréables, et auxquels mon cœur aurait pris tant de part.

La reine Sophie-Charlotte, princesse de Mecklembourg-Strélitz, née en 1744, était digne par ses vertus d'occuper le trône où la Providence l'avait appelée. Jamais on n'eut un reproche à lui adresser : épouse féconde et mère accomplie, honorée et chérie dans sa famille, objet du respect et de la vénération de ses sujets, on ne put se plaindre en aucun temps de l'influence qu'elle exerça sur les affaires politiques. Elle sut échapper à la jalousie des ambitieux par une grande modération. Ses charités furent immenses ; elle savait être à la fois économe et magnifique. Je lui dois beaucoup, et je me plais à l'avouer.

De cette union sortirent quinze ou seize enfans ; ceux qui vivaient lorsque je vins habiter l'Angleterre étaient : 1° le prince de Galles, dont je parlerai plus tard ; 2° le duc d'York, né en 1763, aussi beau que son frère et aussi malheureux que lui, car ses alentours étaient déjà parvenus à le mettre mal dans l'esprit de la nation ; 3° le duc de Clarence, né en 1765 ; 4° le duc de Kent, né en 1767 ; 5° le duc Cumberland, né en 1771 ; 6° le duc de Sussex, né en 1773 ; 7° le duc de Cambridge, né en 1774 ; 8° la princesse Mathilde, née en 1766, seconde femme de l'électeur de Wurtembourg, nouvellement créé roi par Napoléon ; 9° la princesse Augusta, née en 1768 ; 10° la princesse Élisabeth, née en 1770 ; 11° la princesse Marie, née en 1796 ; 12° la princesse Sophie, née en 1777 ; 13° la princesse Amélie, née en 1783.

Il y avait encore la duchesse de Glocester, belle-sœur du roi, née dans une condition privée, et repoussée d'abord à ce titre par la famille royale. Ses qualités ayant plaidé en sa faveur, on finit par l'accueillir honorablement. Elle avait un fils unique, le duc de Glocester et d'Edimbourg, né en 1776, et une fille née en 1773, la princesse Sophie-Matthilde. Venait ensuite la veuve du duc de Cumberland, autre frère du roi.

Certes une aussi nombreuse famille royale devait assurer de nombreux successeurs à la couronne ; et cependant, selon toute probabilité, elle était destinée à passer dans une maison étrangère. L'héritier présomptif, le prince de Galles, n'avait de son mariage avec la princesse de Wolfenbutel, qu'une fille, Son Altesse Royale Caroline-Charlotte-Auguste, née le 7 janvier 1796. Il n'y avait nulle apparence qu'un héritier mâle vînt soutenir cette famille. Ainsi, on pouvait, à peu d'années près, fixer le moment où le sceptre échapperait aux Brunswick.

C'est un des inconvéniens de la loi qui appelle les filles à succéder à la royauté paternelle, au détriment du plus proche héritier mâle; mais en Angleterre, on le regarde comme un avantage, ayant pour maxime que l'extinction rapide des races royales tend à affermir la constitution de l'état. Il serait donc impossible de faire adopter aux Anglais la loi salique avec toutes ses conséquences. Au surplus, chaque pays a des règles particulières qu'il faut respecter, car on n'y touche jamais impunément.

Après la famille royale venait le ministère, qui, dans la Grande-Bretagne plus qu'en aucun autre royaume de l'Europe, joue un rôle important. L'Angleterre est la seule puissance où la cour n'influence pas le cabinet, où il ne se trouve pas un pouvoir occulte, qui le domine et le dirige contre sa propre volonté. Ceci mérite d'être approfondi; car si j'ai tenu à tracer, rapidement il est vrai, la forme du gouvernement de Venise, je ne puis me dispenser de parler de celui de la Grande-Bretagne. Mais ici je traiterai cette matière selon que mes pensées ou mes souvenirs historiques se présenteront à mon esprit.

L'Angleterre offre des anomalies bien singulières : c'est une terre de liberté soumise à des lois féodales ; l'égalité y existe devant la justice, du moins on le croit communément, et nulle part les distinctions ne sont plus tranchées. Toutes les religions y sont admises, et cependant l'intolérance contre le catholicisme est extrême. Les superstitions, les excommunications s'y rencontrent journellement ; les ecclésiastiques joignent, à une avarice incroyable, une philosophie qui ne pardonne rien au clergé du continent.

Des lois fiscales, abusives, règnent en souverain en Angleterre, et forment un chaos dans lequel le plus habile ne peut se reconnaître. Sheridan disait avec autant de justesse que d'esprit : — L'avocat et le magistrat anglais peuvent être mis sur la même ligne que le lettré et le mandarin chinois ; les derniers vivent à peine assez long-temps pour apprendre à lire, tant les caractères qui composent les mots de leur langue sont nombreux ; et la carrière de nos jurisconsultes ne se prolonge pas assez pour leur permettre de saisir l'ensemble de nos lois embrouillées.

Il paraît en effet impossible de les posséder toutes. Il en est dont l'existence n'est pas même soupçonnée ; aussi nulle part la chicane n'a autant de ressources, et les procès dans ce pays sont éternels.

Le roi est entouré de formes respectueuses dont

ailleurs on n'a pas l'idée. C'est à genoux qu'on le sert ; mais en revanche son autorité est à peu près nulle : le pouvoir appartient, non au souverain, mais à un certain nombre de familles privilégiées. C'est enfin là une oligarchie comme à Venise, avec cette différence que, dans cette république, le livre d'or fermé faisait le désespoir de la nation ; tandis qu'à Londres il demeure toujours ouvert, mais seulement en apparence, ce qui revient au même. Là, on cherchait à prouver l'impuissance du doge ; ici, on veut environner le roi de toutes les pompes d'un pouvoir dont on ne lui accorde que le simulacre.

Le monarque anglais n'obtient du crédit dans le ministère que par adresse ; on évite de placer ses protégés, et ses recommandations sont rejetées avec une rigueur qui autre part passerait pour de l'impertinence. On me contait à ce sujet qu'un jour le conseil lutta contre la volonté du roi, relativement à une charge importante dont il voulait investir une de ses créatures. Cependant, craignant son mécontentement, lord Chestelfield, alors membre du ministère, se présenta devant le monarque avec ces formes respectueuses dont on ne se départ jamais, et lui dit :

— Sire, quel nom plaît-il à Votre Majesté de choisir ?

George III garda le silence ; mais le ministre insista pour connaître sa volonté royale, prétendant que la place ne pouvait rester plus long-temps sans titulaire.

— Eh bien ! répliqua le roi avec impatience, j'en investis le diable.

Chesterfield se mit en devoir d'écrire, conservant un sang-froid imperturbable ; puis s'adressant de nouveau au monarque :

— Plaît-il à Votre Majesté, dit-il, que, selon l'usage, je qualifie Satan de son féal et bien-aimé cousin ?

Cette question, aussi plaisante que spirituelle, dérida George III, qui, prenant son parti en brave, désigna celui que le ministère avait déjà choisi.

Le roi donc ne nomme à aucune fonction qui tienne au gouvernement; mais, d'un autre côté, on prétend qu'on laisse à sa disposition toutes celles de sa haute domesticité, toutes les dignités et charges de la couronne. Ceci n'est pas encore exact : on ne tolère son choix qu'autant qu'il porte sur des hommes qui ne heurtent pas l'opinion dominante ; car dans ce cas ils seraient évincés au moyen du contrôle que le parlement s'est réservé sur le budget de la liste civile. Les désagrémens qui en résulteraient pour les élus les obligeraient bientôt à se retirer.

Ainsi l'autorité du roi n'est qu'une fiction comme l'était celle des doges de la république de Venise ; seulement il est entouré d'hommages et d'une liberté extérieure qu'on ne prenait pas la peine d'accorder au chef vénitien.

Après le ministère vient le parlement, divisé en deux chambres, celle des pairs et celle des communes. La première, tout aristocratique, règne en souveraine, dirige la politique extérieure, l'administration du dedans; dicte les pactes d'alliance, la guerre ou la paix. C'est encore elle qui élève ou diminue les impôts, quoique aussi, par une autre fiction, la partie des finances paraisse entièrement dévolue à la chambre des communes.

La pairie anglaise est une institution qui repose sur les lois, la liberté nationale, de grandes richesses, de nombreux services rendus à l'état, la tradition des coutumes féodales maintenues avec un soin religieux; puis sur un patriotisme éclairé, sur la ligne de démarcation qui sépare ses membres du reste des citoyens, et enfin sur son extrême habileté à se rendre populaire, à se montrer l'avant-garde la plus vigilante des immunités de la nation, et à ne jamais se refuser aux mesures d'enthousiasme demandées par le peuple, lors même qu'elle ne les croit pas avantageuses à l'intérêt général. Ceci est en quelque sorte passé en règle. Par exemple, quand la guerre est nécessaire, on manœuvre de manière à ce que la populace l'ayant réclamée impérieusement, la pairie a l'air de céder à la contrainte qui lui est faite.

J'aurais bien voulu, à mon retour en France, appuyer mon trône constitutionnel sur une semblable institution, mais les élémens m'ont manqué. J'ai dû prendre ce que j'ai trouvé, n'étant pas en position de choisir.

L'influence incroyable de la pairie anglaise tient

encore à une autre cause. C'est le soin qu'elle met à adjoindre à son corps les hautes notabilités, à se greffer elle-même sur la richesse commerciale par des mariages ; de cette manière elle n'inspire nulle jalousie, n'autorise aucune plainte, puisqu'on peut journellement arriver jusqu'à elle. Il en résulte que ses antagonistes les plus exaspérés sont hors d'état de lui nuire. Je doute que jamais la démocratie l'emporte sur cette institution si habilement combinée. On ne peut, en France, concevoir sa suprématie et la puissance qu'elle exerce sur l'opinion du peuple.

Quand à la chambre des communes, elle est censée représenter le peuple ; mais c'est encore une fiction. Ce n'est qu'une branche de la pairie non héréditaire, il est vrai, mais tenant essentiellement à ce corps. Ses députés appartiennent presque tous à l'aristocratie par leur naissance, leur fortune ou leur patronage. On ne parvient à cette chambre que par deux voies : l'achat d'un *bourg-pourri*, et l'élection mise à l'enchère ; il faut dans tous les cas dépenser des sommes énormes pour y arriver.

Les *bourgs-pourris* sont des lieux qui étaient investis primitivement du droit de nommer les membres de la chambre des communes ; mais aujourd'hui ce droit est uniquement dévolu à la pairie, qui agit toujours dans l'intérêt et l'aristocratie ; il en résulte que la chambre des communes, loin d'établir contre elle une lutte à mort, la défend, la soutient dans toutes les circonstances dangereuses, et lui donne une force réelle. Le peuple, pour cela, n'en est pas plus opprimé ; on veille au contraire à ce qu'il jouisse de l'étendue de liberté nécessaire à son bonheur sans pouvoir en abuser au détriment des classes élevées. C'est là tout le secret de l'oligarchie anglaise, et le pivot sur lequel elle se maintient dans un parfait équilibre.

CHAPITRE VIII.

Pitt. — Le roi ne l'aimait pas. — Composition du ministère en 1807. — Lord vicomte Seymouth. — Duc de Portland. — Lord Eldon. — Lord Hawkesbury. — Vicomte Castlereagh. — M. Canning. — M. Percival. — Preuves nouvelles de l'ambition de Buonaparte. — L'Angleterre est seule à le combattre. — Précis des événemens arrivés en Espagne. — Charles IV. — La reine sa femme. — Le prince de la Paix. — Le prince des Asturies. — Papiers trouvés chez lui. — Colère du roi. — Louis XVIII cherche à être utile au prince. — L'indignation de l'Espagne contre le favori le force à relâcher le prince. — Trahison de Godoï concertée avec Buonaparte.

Le ministère anglais est donc uniquement l'expression de l'aristocratie ; cela est si vrai, que jamais un minstère démocrate ne peut se soutenir long-temps, parce qu'il marcherait en sens inverse de tous ceux qui ont du pouvoir et du crédit. On tolérerait chez les torys (aristocrates) les actes les plus démagogiques, plutôt que de les laisser à la volonté de leurs adversaires.

L'Angleterre fit une grande perte en 1806, dans la personne de Pitt : c'était un homme d'état d'une capacité peu commune, d'un esprit vaste, et d'une profonde érudition. Ses actes égalaient son éloquence; il avait des principes monarchiques : cependant le roi ne l'aimait pas, et il parvint au ministère malgré lui. Pitt entra dans la carrière politique à vingt-deux ans, en 1781; il se signala d'une manière si extraordinaire, que l'année d'après il remplaça lord North dans le cabinet, en qualité de chancelier de l'échiquier. Mais soutenu par son parti, il en sortit au bout de quelques semaines avec une immense réputation. Deux ans après, il recommença le combat, et cette fois avec un avantage positif. A vingt-quatre ans, devenu successivement lord de la trésorerie et chancelier de l'échiquier, il se trouva à la tête du ministère et soutint ce fardeau avec une supériorité qui lui valut de nombreux admirateurs et autant d'ennemis. Fox, évincé par lui, le combattit à outrance; ce fut Pitt qu'on chargea de résister à la révolution française. Je ne pourrais faire son éloge sans blesser peut-être des préjugés que je respecte, et je me bornerai à dire qu'il fut le sauveur de son pays. Pitt quitta le ministère en 1801, sur le refus du roi de sanctionner l'émancipation catholique de l'Irlande. Mais on reconnut bientôt la nécessité de son concours; on le rappela, et en 1804 il reprit la présidence du conseil sans titre positif, selon l'usage observé en Angleterre. Il signala sa rentrée par la coalition avec la Russie, la Suède, l'Autriche et Naples. Les succès inespérés de Buonaparte lui causèrent un tel chagrin, qu'ils décidèrent sa mort le 23 janvier 1806. Il laissa une réputation réellement européenne, et l'aristocratie anglaise veuve de son plus ferme appui.

Après le décès de Pitt, Fox, son émule et son rival, parvint à former un autre ministère. L'aristocratie l'y souffrit, pour condescendre aux vœux du peuple ; mais déjà elle travaillait à le congédier, lorsqu'il termina sa carrière en septembre de la même année.

Le ministère anglais, à mon arrivée, était composé, dans ses sommités, de la manière suivante : le duc de Portland, *premier lord de la trésorerie ;* lord Eldon, *lord chancelier;* le comte de Cambdon, *président du conseil ;* le comte Westmoreland, *garde-des-sceaux privés;* lord Hawkesbury, *ministre de l'intérieur ;* lord Castlereagh, *ministre de la guerre ;* M. Canning, *ministre des affaires étrangères;* le comte de Châtam, *grand-maître de l'artillerie ;* lord Mulgrave, *premier lord de l'amirauté ;* M. Percival, *chancelier de l'échiquier.*

Je vais les faire connaître plus particulièrement, afin de donner une idée des hommes que l'aristocratie appelle au timon des affaires. Je commence par le président du conseil sir Henry Addington, vicomte de Seymouth, et pair d'Angleterre. Il était fils d'un médecin sans naissance, mais très-riche, condition *sine quâ non* dans la Grande-Bretagne, à très-peu d'exceptions près, par tous ceux qu'on appelle au pouvoir. Addington, né en 1756, fut élevé avec Pitt, dont il devint l'ami. Le brillant succès de ses études fit prévoir ce qu'il devait être. Son premier début dans la carrière politique fut de combattre Fox, de concert avec son ancien camarade de collége. Nommé en 1789 orateur de la chambre des communes, titre qui équivaut à celui de président de la chambre des députés en France, il augmenta sa réputation, et une seule fois se crut obligé de voter contre l'opinion de Pitt, auquel il resta néanmoins sincèrement attaché. Lorsque cet habile ministre se retira, à l'époque de la paix d'Amiens, qui lui était désagréable, il désigna M. Addington pour le remplacer. Pitt ayant été rappelé un peu plus tard, Addington donna sa démission, et reçut en échange le titre de vicomte de Seymouth. Il rentra bientôt aux affaires, d'où une intrigue l'éloigna de nouveau en 1805. Enfin à la mort de Pitt, les sceaux lui furent rendus, et il fit partie du ministère. Fox, qui en était le chef, ne tarda pas à suivre son rival dans la tombe ; alors lord vicomte Seymouth demeura à la tête du cabinet jusqu'à mon arrivée en Angleterre. Il en sortit presque aussitôt.

Addington n'est pas un homme d'état aussi profond, aussi énergique que Pitt. On lui reproche des opinions versatiles, une facilité extrême à s'accommoder avec les divers partis ; mais du moins on ne peut lui contester de grandes connaissances, une instruction variée, et surtout une éloquence fort remarquable.

Le duc de Portland, premier lord de la trésorerie, n'était pas jeune lorsqu'il entra au ministère, car la date de sa naissance remontait à 1737. Il appartenait à une ancienne famille, et avait presque toujours suivi la bannière de l'opposition. Néanmoins il fut élevé à la présidence du ministère en 1803, et la conserva jusqu'à la mort de Pitt. Sa retraite prit fin au mois d'avril 1807, lorsque le roi renvoya le ministère de lord Seymouth, parce qu'il voulait établir l'émancipation des catholiques d'Irlande. Le duc de Portland, dont les vertus privées sont à l'abri de tout reproche, ne mérite pas les mêmes éloges dans sa vie publique. Il donna plus d'une preuve d'indécision et de faiblesse, et n'a jamais rendu de grands services à son parti; mais sa naissance, la considération personnelle dont il jouissait, suffirent pour le placer dans un rang éminent.

Lord Eldon, chancelier de l'échiquier, était fils d'un petit marchand de Newcastle-sur-Tyne. Il est bien supérieur, pour l'esprit et le jugement, à lord Portland. Ses talens, ses connaissances approfondies des lois, son attachement à la constitution, et plus encore son dévouement à l'oligarchie britannique, lui firent faire un chemin aussi brillant que rapide. Créé d'abord chevalier, puis baron et pair sous le titre de lord Eldon, il a, depuis son entrée au cabinet, obtenu une influence qu'il a toujours conservée, bien qu'il ne joigne pas à ses talens celui de la parole; mais en fait d'adresse nul procureur de la Grande-Bretagne ne peut le surpasser. Les catholiques n'ont pas d'adversaire plus acharné; fin, souple, spirituel, ayant des formes graves et même empesées; son crédit n'a jamais diminué, et il me paraît destiné à fournir dans le ministère une longue carrière.

Lord Hawkesbury, ministre de l'intérieur, est aujourd'hui plus connu sous le titre de lord comte de Liverpool. Noble de naissance, il entra, comme Pitt, de bonne heure dans les affaires, car à l'âge de vingt ans il fut élu membre du parlement britannique, et ne put en remplir les fonctions que l'année d'après, en vertu de la loi qui exige vingt-un ans. Il ne siégeait pas encore en 1791, lorsque le gouvernement l'envoya en mission près de moi. Son intelligence me surprit dans un homme aussi jeune, ainsi que la manière supérieure dont il traitait les affaires diplomatiques alors fort embrouillées par la multiplicité des intérêts qu'il fallait accorder. Je prévis la grande réputation qu'acquerrait lord Hawkesbury; s'il n'a pas trompé mes prévisions, il sera un des plus grands ministres qui aient illustré l'Angleterre, ce pays classique, selon moi, des hommes d'état. Je ne m'étendrai pas plus longuement sur ses talens, les occasions de les développer ne lui ayant pas manqué. Je dois dire seulement qu'il a toujours pris à cœur les intérêts de ma famille, et qu'il comptera parmi ceux dont la mémoire sera chère aux Bourbons.

Le vicomte Castlereagh, ministre de la guerre,

et autre ministre imberbe, car lui aussi date de 1769, est le digne émule du comte de Liverpool. Il se plaça presque adolescent parmi les hommes d'état, qui tous apprécièrent son mérite. L'aristrocratie lui doit la première levée de boucliers, relative à la réunion du parlement d'Irlande à celui de la Grande-Bretagne. Il n'avait point encore, à mon arrivée en Angleterre, la réputation que lui ont acquise ses négociations importantes en 1814, et les soins qu'il s'est donnés pour me ramener sur le trône de mes ancêtres. Il lutta alors dans mes intérêts contre la diplomatie autrichienne, avec une constance dont je lui saurai gré éternellement.

Le ministère des affaires étrangères, confié à M. Canning, ne pouvait être en meilleures mains. Celui-ci, Irlandais, né en 1770, n'appartenait pas à une famille très-illustre; mais il est de ceux qui surgissent en Angleterre, parce que le mérite y est toujours apprécié à sa juste valeur. Il a joué et joue un trop grand rôle en Europe, pour que je puisse me dispenser d'en parler. Son esprit est fin, mordant, épigrammatique; sa conversation étincelle de traits brillans et caustiques, qui, dit-on, la rendent fort amusante. Je l'ai trop peu vu pour le juger d'après moi-même; mais tous ceux que j'ai envoyés près de lui sont revenus enchantés de sa personne.

Le chancelier de l'échiquier, Percival, non moins recommandable que ses collègues, a été frappé de mort violente au milieu de sa carrière.

Il jouissait, lorsque je l'ai vu, d'une considération justement acquise, et appuyée d'ailleurs sur des services réels rendus à l'état. Enfin, le reste du cabinet, sans être de la même force, offrait des hommes de mérite, dont beaucoup de souverains auraient voulu pouvoir composer leur conseil.

L'Angleterre avait besoin de ces capacités supérieures pour se maintenir sans chanceler en présence du colosse qui pesait sur l'Europe, et que Dieu, dans sa colère, avait jeté sur la terre pour la châtier. Toutes les tentatives des autres puissances ne pouvaient manquer d'échouer dans cette circonstance : l'Autriche, la Prusse et la Russie, vaincues tour à tour, venaient de céder enfin à l'ascendant irrésistible de Buonaparte ; son ambition se montrait chaque jour plus insatiable, deux nouveaux trônes s'élevaient pour deux autres de ses frères. Louis Buonaparte était monté sur le trône de Hollande, Joseph sur celui de Westphalie. Ce dernier épousa, plus tard, la fille du roi de Wurtemberg, alliance monstrueuse dont l'accomplissement jeta dans la consternation toutes les familles souveraines ; cette alliance fatale, qui deux ans après amena la fille des Césars dans la couche de l'usurpateur de mon trône. Malgré les justes sujets de plainte que j'avais à former contre l'Autriche, je ne pus m'empêcher de souffrir pour elle de l'avilissement dans lequel elle se plongea volontairement en cette occasion.

L'Angleterre, donc, se voyait abandonnée, et sans aucune alliance sur le continent; ce fut là ce qui autorisa Buonaparte à lancer son incroyable et insolent décret du blocus continental. N'étant plus arrêté par aucun obstacle, il avançait à pas de géant et poursuivait sans relâche ses projets de monarchie universelle. Déjà il tourmentait le Saint-Père pour reconnaître l'honneur qu'il lui avait fait de venir le sacrer dans son usurpation, et préludait ainsi à l'acte de double violence par lequel, en s'emparant des états de saint Pierre, il plongerait le souverain pontife dans une dure captivité.

Mais un autre soin l'occupait encore, celui de chasser les Bourbons d'Espagne et d'Étrurie, comme il les avait déjà chassés de Naples. Il avait forcé l'Espagne à signer le traité par lequel une portion du Portugal devait former un chétif royaume au roi d'Étrurie, qui lui céderait le centre, tandis que le nord resterait en réserve, et que le midi, reprenant son ancien titre de principauté, ou de royaume des Algarves, serait concédé au prince de la Paix. Tout cela était un piége tendu à la crédulité de Charles IV; piége infâme! dans lequel il se laissa prendre, et dont les conséquences ont été si funestes, bien qu'elles aient entraîné la perte de celui qui avait ourdi cette trame avec tant de perfidie.

Charles IV, en succédant à son père Charles III, n'avait pas hérité de ses qualités supérieures. Son éducation mal dirigée l'avait laissé dans une ignorance complète de tous ses devoirs de souverain.

Mené par ses alentours, il ne put se soustraire au joug de sa femme, reine ambitieuse, sans talens, qui ne sut s'emparer du pouvoir que pour le céder à un homme incapable, sans vertu, sans courage, et qui gouverna l'Espagne en despote.

Godoï, depuis prince de la Paix, est d'une naissance si commune, que les généalogistes les plus intrépides n'ont pu lui en façonner une sortable. La reine le prit en affection lorsqu'il était simple garde-de-corps du roi; et, par son talent sur la guitare, il obtint près d'elle une faveur qu'il n'a jamais perdue. Le roi, toujours soumis aux volontés de la princesse, ne tarda pas à éprouver pour Godoï un attachement beaucoup plus extraordinaire que celui que lui portait la reine. Je crois que, dans un autre siècle, on eût dénoncé à l'inquisition la faveur de Godoï, comme un effet de quelque sortilége. Cette faveur fut telle, qu'on cassa son mariage avec sa première femme, dont la naissance n'était pas plus illustre que la sienne, et il épousa en secondes noces une princesse de notre sang. Les richesses, les honneurs et les charges plurent sur lui à tel point, que les Espagnols, qui sont peu plaisans par caractère, firent sur sa personne la caricature suivante :

On le représentait assis sur le roi et sur la reine lui servant de trône, l'Espagne dans une des poches de son habit, les Indes dans l'autre, la marine et la grandesse dans celles de sa veste, et le trésor de l'état dans la bourse qu'il tenait à la main.

La reconnaissance de tant de bienfaits si peu mérités aurait dû engager Godoï à n'agir que dans l'intérêt de ses maîtres, et cependant il n'eut d'autres soins que de les trahir. Je savais, dès 1805, que Buonaparte l'avait gagné, et je ne pus même en instruire Charles IV par voie indirecte, tant le monarque était surveillé de près par le favori. Napoléon le berçait de l'idée d'une couronne, bien exiguë à la vérité, celle des Algarves; mais il s'en contentait, son ambition étant aussi étroite que ses pensées. Il fallait cependant, pour exécuter ce plan secret de la spoliation de l'Espagne, que la famille royale divisée ne pût opposer aucune résistance à l'usurpateur de tous les états de notre maison ; et pour y réussir il convenait de brouiller le roi avec son fils aîné.

Ferdinand IV, aujourd'hui régnant, soumis dès son enfance à un système coupable, fut élevé de manière à ne pouvoir jamais se passer de directeur. Il reconnut plus tard ce vice de son éducation, mais lorsqu'il n'était plus temps d'y remédier. Ce prince souffrait avec impatience la domination de Godoï; les mécontens se rallièrent autour de lui, et on complota bientôt dans son intimité la chute du favori. Peut-être à l'insu de l'infant, on agit de façon à entraîner avec lui ses augustes protecteurs.

Ces menées ne purent être conduits avec assez de prudence pour qu'il n'en revînt pas quelque chose à celui qu'elles menaçaient ; il mit ses espions en campagne, et enfin, alarmé avec raison, il fit part à la reine de ce qui se tramait.

La reine, on ne sait pourquoi, détestait le prince des Asturies. Ce sentiment peu maternel avait éclaté dans toutes les circonstances. Il ne fut donc pas difficile à Godoï de l'irriter contre l'infant. La reine ainsi prévenue dévoila tout à Charles IV; on lui présenta le désir du prince des Asturies de débarrasser l'Espagne de l'indigne favori comme un projet arrêté de parricide pour arriver plus sûrement à l'usurpation de la couronne.

Charles IV, indigné et sans caractère, ajouta foi à ces rapports ; il demanda conseil à la reine et à Godoï. C'était provoquer des mesures de rigueur qui eurent lieu aussitôt. Le 29 octobre 1807, le prince des Asturies fut arrêté à l'Escurial, où la cour se trouvait alors. On saisit ses papiers, au nombre desquels figurait la copie de la lettre originale par laquelle le prince, également dupe d'une illusion dangereuse, s'était abaissé à demander en mariage à Buonaparte la fille aînée de Lucien son frère ; puis un mémoire entièrement écrit de sa main, qui signalait toute la conduite de Godoï, et était destiné à être mis sous les yeux du roi ; enfin, et ceci avait beaucoup plus d'importance, même, si j'ose le dire, une apparence de culpabilité, la nomination du duc de l'Infantado au titre de capitaine général de la nouvelle Castille, *dans le cas de la mort du roi.*

Charles IV, à la vue de ces pièces, surtout de la dernière, reconnut comme prouvés tous les faits allégués contre son fils. Aussi ne gardant plus de mesure, il lança un rescrit terrible, par lequel le prince des Asturies et ses complices étaient qualifiés de traîtres, et devaient être poursuivis comme tels. Cette déclaration fit grand bruit; toutes les cours s'en émurent : on se demanda si la catastrophe sanglante qui avait frappé don Carlos ne se renouvellerait pas dans la personne du prince Ferdinand. Quant à moi, j'envisageai d'un coup d'œil toutes les conséquences d'un pareil malheur, je prévis les avantages qu'en retireraient les ennemis de notre maison; et quoique je fusse encore bien à l'écart, j'adressai à ce sujet, par l'intermédiaire de d'Avaray, un mémoire prophétique, c'est le mot, au cabinet de Londres, afin qu'à l'aide des relations secrètes qu'il avait conservées à Madrid, il essayât de repousser cette attaque que lui portait indirectement Buonaparte. Je communiquai également mes inquiétudes à l'empereur de Russie, et plus particulièrement à la cour de Naples. Içi mieux qu'ailleurs, je fus compris; on envoya à Madrid un moine, homme d'esprit et de cœur, avec la mission de tâcher d'arriver jusqu'au roi, ou, à son défaut, à la reine, à laquelle il démontrerait combien pouvaient être funestes les moyens qu'on employait contre son fils aîné.

Mais tandis que j'agissais à la fois dans les intérêts de la politique générale et de ceux du prince des Asturies, l'Espagne de son côté poursuivait le même but avec beaucoup plus de succès. Godoï avait cru, en poussant les choses à la dernière extrémité, jeter l'épouvante parmi ses adversaires, et les réduire au silence dans la crainte de subir le sort auquel n'avait pu échapper l'héritier de la monarchie. Mais c'était mal connaître les Espagnols. Ceux-ci, loin de se laisser intimider, se prononcèrent généralement avec indignation contre une intrigue dont ils devinèrent facilement le principal auteur. Jusque là, on avait cabalé en secret pour renverser le favori, mais dès ce moment on conspira ouvertement. On le signala comme l'ennemi personnel du prince, et il fut déclaré reponsable de ce qui arriverait à don Ferdinand. Des menaces on allait passer aux voies de fait, lorsque Godoï, effrayé à son tour, se hâta d'apaiser le ressentiment de Charles IV; une réconciliation eut lieu entre le père et le fils, en vertu d'une lettre respectueuse que l'infant écrivit au monarque, et il recouvra la liberté. Godoï n'ignorant pas ce qui l'attendait dans le cas où le roi lui manquerait tout-à-coup, se lia plus intimement avec Buonaparte : cette nouvelle trame amena les événemens déplorables de 1808.

En conséquence du traité secret de Fontainebleau et sous le prétexte apparent d'aller occuper le Portugal, les armées françaises pénétrèrent en Espagne, s'emparant sur leur passage des diverses places fortes qu'on ne sut pas leur disputer. Godoï, feignant une terreur convenue à l'avance avec Bonaparte, conjura le roi et la reine de fuir en Amérique, et les fit sortir préalablement de Madrid. C'était une partie de l'exécution du plan de Bonaparte. Il voulait que la famille royale quittât l'Europe; et sachant que lui-même ne pourrait rien dans les Indes occidentales et orientales, il préférait que ces riches possessions demeurassent à Charles IV plutôt que de les voir tomber dans les mains de George III.

CHAPITRE IX.

Suite des affaires d'Espagne. — Soulèvement à Aranjuez. — Abdication de Charles IV. — Avènement de Ferdinand VII. — Les Français à Madrid. — Ferdinand VII va vers Buonaparte. — Guet-apens de Bayonne. — Comment la Russie, l'Autriche et l'Angleterre sont frappés de cet acte d'ambition. — Louis XVIII proteste contre cette autre usurpation de Buonaparte. — Son frère Joseph roi d'Espagne. — Événemens qui ont lieu dans la Péninsule. — Le cardinal de Bourbon. — Les Cortès. — Abnégation admirable des Espagnols. — Note diplomatique et demandes que Louis XVIII adresse aux envoyés de la junte provisoire. — Pourquoi il écartait le duc d'Orléans. — Explications importantes sur ce point. — Le duc d'Orléans agit en sens inverse de la volonté du roi. — Comment les envoyés éludent de répondre à Louis XVIII. — Les cabinets de Londres et de Vienne lui sont contraires. — Lui et sa famille sont repoussés.

Dieu en avait décidé autrement que Godoï et Buonaparte. Lorsque les Espagnols virent leur roi les abandonner, ils ne se continrent plus. La cour était à Aranjuez quand une révolution d'appartement décida de la question nationale. Le 17 mars 1808, un soulèvement de quelques individus ayant eu lieu dans la résidence royale, le prince des Asturies fut appelé à la couronne par l'abdication forcée de Charles IV. Il monta sur le trône sous de fâcheux auspices, et le reste de son règne s'en est ressenti. Je passerai rapidement sur ce qui se passa à cette époque, étant forcé de me taire relativement à certains faits. Il est seulement utile de faire observer que si l'abdication de Charles IV fut illégale, elle eut pour complice l'Espagne entière, qui manifesta hautement sa préférence envers Ferdinand VII.

Le roi eut la générosité de sauver la vie de celui qui avait menacé la sienne : Godoï échappa à la mort ; plus tard il obtint la liberté par l'intervention puissante de Buonaparte. La nouvelle impulsion imprimée aux événemens par la révolution d'Aranjuez contraria singulièrement l'usurpateur qui convoitait le sceptre des Espagnes. Au lieu d'une fuite en Amérique, il voyait les Bourbons régner encore en Europe, et c'est ce qu'il voulait empêcher. Déjà au mois de janvier précédent la royauté d'Étrurie avait été renversée par la force ; on avait stipulé en Espagne du destin de cette couronne, comme si Charles IV était investi du droit d'en disposer ; et la Toscane devenait une province de l'empire français, en attendant que les états du pape subissent aussi le même joug.

Buonaparte étant déterminé à suivre son plan, Murat et les Français continuèrent à descendre vers le cœur de l'Espagne ; ils s'emparèrent de Madrid, évitant de reconnaître Ferdinand, et d'une autre part ne faisant rien pour replacer Charles IV sur le trône. Cependant, le père et le fils, tous deux sous l'influence magnétique de Buonaparte, voulaient qu'il décidât entre eux et le nommaient leur abitre. Lui se taisait encore, et il était difficile de deviner le fond de sa pensée, lorsque tout-à-coup il annonce qu'il va lui-même venir en Espagne, faire visite à ses *bons amis*, et qu'il profitera de la circonstance pour rétablir la paix dans une famille qui lui est chère. Ses agens inspirèrent à Ferdinand l'idée de devancer Charles IV, et d'aller à Burgos à la rencontre de Buonaparte.

En effet, le roi se rend dans cette ville, mais Buonaparte ne s'y trouve pas. On lui fait de nouvelles instances pour continuer sa route jusqu'à Bayonne; il cède, et cette fois rencontre le plus fourbe des hommes, mais non la couronne qu'il espérait recevoir de sa main. Buonaparte, au lieu de le reconnaître, fit venir Charles IV, et usant de violence sur les deux, il obtint du premier des droits qu'il ne pouvait céder qu'au préjudice de toute sa famille. Des menaces de la mort déterminèrent également la résignation des infans. Jamais il ne fut acte plus illégal et plus odieux. Buonaparte le consomma en acceptant la couronne des Espagnes, qu'il mit aussitôt sur la tête de Joseph, son frère, lequel revint de Naples, où alla régner Joachim Murat. La famille d'Espagne prisonnière fut emmenée en France. On transféra le roi, la reine et leurs plus jeunes fils de Compiègne à Fontainebleau, puis à Marseille et plus tard à Rome. Ferdinand VII, l'infant Antonio, son oncle et l'infant don Carlos son frère puîné résidèrent à Valançay, sous la surveillance directe du prince de Talleyrand.

Cette audace de l'usurpateur commença à inquiéter sérieusement les souverains. Je sus que la Russie elle-même manifestait du mécontentement. En effet, pour l'apaiser, il fallut attirer l'empereur Alexandre à Erfurth, où le monarque, fasciné comme les autres, consentit à se mêler à la foule des courtisans de Buonaparte. L'Autriche fut également troublée, elle prévit qu'on ne la laisserait pas jouir long-temps de la suprématie qu'elle conservait encore. L'avenir le lui prouva bientôt, car peu après on lui fit proposer de céder la Bohême contre la Dalmatie, l'Illyrie et autres états du grand-seigneur. Ceci amena une nouvelle déclaration de guerre.

L'Angleterre ne fut pas la dernière à prendre l'éveil sur ces événemens, car elle ne pouvait prévoir non plus quelle serait la détermination des Espagnols dans cette conjoncture. On devait craindre que cette nation se trouvât satisfaite d'être affranchie de préjugés qui lui étaient odieux, mais nul ne les envisageait sous son véritable point de vue.

En effet, au moment où nous nous y attendions le moins, des émissaires espagnols arrivèrent à Londres pour annoncer un soulèvement général dans la péninsule, et demander qu'on les appuyât dans leur résistance. On doutait encore de la véracité de cette nouvelle, lorsqu'on apprit que chaque province courait aux armes, et bientôt on ne put qu'applaudir à une insurrection généreuse qui rendait à l'Espagne la place qu'elle occupait dans l'estime des autres nations. La capitulation de Baylen prouva aussi que les Français séparés de Buonaparte ne seraient pas toujours invincibles. J'aurais souhaité qu'ils le fussent, et qu'eux-mêmes provoquassent mon retour et le renversement de la tyrannie : mais Dieu en avait décidé autrement.

Dès que j'appris la prétendue abdication de Charles IV et de sa famille, je me hâtai de protester, en ma qualité de chef suprême de la maison de Bourbon, contre un acte illégal qui compromettait les droits de toute ma dynastie. Cette protestation fut envoyée directement par quelqu'un des miens à Buonaparte. Je blâmai cette démarche inutile à ma cause, et dangereuse dans ses conséquences. Elle exaspéra Napoléon, et lui fit redoubler ses persécutions contre le peu d'agens fidèles que j'avais conservés en France, en même temps qu'il comprit la nécessité d'empêcher tout rapport entre la France et son roi légitime.

En politique, tout ce qui ne sert pas nuit : c'est une maxime générale dont les gens habiles ne s'écartent jamais.

Joseph Buonaparte, prétendu roi d'Espagne et des Indes, eut l'air de donner à ses peuples une constitution qui, calquée sur celle de France, fut imposée par l'unique volonté de Buonaparte. Il débuta par supprimer les couvens, par détruire l'inquisition, par inquiéter le clergé. Ce n'était pas le moyen de réussir dans la Péninsule. Les Espagnols d'ailleurs ne pouvaient consentir à accepter un Corse pour roi. Aussi, le premier moment de surprise passé, on courut aux armes; l'Espagne entière prit l'aspect d'un vaste camp. Là commença une guerre toute nouvelle, une guerre d'attaque à l'improviste, de coups de main, de vengeance, d'extermination, enfin une guerre implacable, sans gloire et sans repos pour les vainqueurs.

Chaque Espagnol devint un soldat fanatique. Les moines bannis de leurs couvens endossèrent le harnais, prêchèrent de parole et d'exemples, excommuniant les uns, absolvant les autres. Vainement Buonaparte combattant en personne gagna des batailles, conduisit Joseph à Madrid, qui le repoussait avec horreur; vainement il poursuivit jusque dans les flots de l'Océan l'armée auxiliaire anglaise, qui s'était imprudemment avancée; vainement enfin il inonda l'Espagne de ses meilleurs généraux, de ses soldats les plus intrépides. Le sol et ses habitans dévorèrent les hommes, et la constance intrépide des guerriers espagnols déjoua la volonté de celui qui était habitué à commander en maître à toutes les autres nations. La lutte, commencée vers le milieu de 1808, ne se termina qu'à ma rentrée en France. C'était l'hydre de Lerne dont chaque tête abattue en enfantait de nouvelles; c'était Antée qui reprenait une vigueur croissante des secousses qui lui étaient portées.

Mais avant que la Providence se déclarât enfin pour cette nation héroïque, l'esprit de révolution et de philosophie pénétra dans les cœurs de ces guerriers qui combattaient pour le roi et pour l'autel. Le premier soin des Espagnols soulevés fut d'établir un gouvernement en opposition à celui de Joseph. Une junte qui réunissait tous les pouvoirs, s'installa au nom de Ferdinand VII, et consacra ainsi l'abdication de Charles IV. La présidence de cette junte échut au cardinal de Bourbon, cousin-germain du roi, et frère de la malheureuse princesse de la Paix. C'était un pauvre homme d'état qui se laissa égarer par des idées libérales peu compatibles avec sa robe et sa position ; étant d'ailleurs incapable de diriger les affaires, il laissa à d'autres ce soin, et ne leur prêta que l'appui de son nom. Il aurait pu, avec plus de fermeté ou d'adresse, empêcher les Cortès, qui s'assemblèrent dans l'île de Léon, de toucher à l'antique constitution nationale pour lui en substituer une dont les principes trop républicains ne pouvaient que décider la chute du souverain qui l'accepterait.

Cette œuvre mal digérée a beaucoup nui à l'Espagne, et lui nuira encore davantage si mes prévisions ne me trompent pas ; car ce beau royaume n'est qu'à l'aurore de sa révolution. Le cardinal de Bourbon ne comprit nullement le rôle qu'il était appelé à jouer ; il se figura qu'il acquierrait de l'importance en s'appuyant sur les Cortès, prenant sa faiblesse pour de l'énergie, et ignorant que pour diriger une rébellion et la conduire au but qu'on se propose, il faut non-seulement un génie supérieur, mais une puissance de résolution qui ne se laisse abattre par nul obstacle.

L'Espagne, depuis 1808 jusqu'à 1814, a offert le spectacle singulier de toutes les opinions politiques, religieuses et philosophiques, concourant au même but sans se déchirer entre elles. On a vu tous les partis d'un pays, pour la première fois, imposer silence à leur fanatisme réciproque, pour ne montrer que leur indignation contre l'homme qui prétendait les avilir. Leurs efforts n'ont tendu qu'à sa chute, remettant à plus tard le soin de venger leurs querelles personnelles. Toute autre nation aurait succombé par l'impossibilité où ses membres se seraient trouvés de rester impassibles en présence de leurs intérêts compromis. L'Espagne seule a été capable de comprendre qu'avant de se replier sur elle-même, de songer à ses propres maux, elle devait chasser son ennemi du territoire. Cette conduite lui a acquis une gloire immortelle.

Je m'intéressai vivement, on le croira sans peine, à la cause de cette généreuse nation. D'abord, par l'admiration qu'elle m'inspirait, et ensuite parce que toute la destinée de ma famille y était attachée. Chassée de tous les trônes qu'elle occupait en Europe, je voyais, par un effet contraire, la puissance de Napoléon se consolider de manière à fonder dès son début une vieille dynastie, puisqu'elle plaçait tant de membres de cette maison usurpatrice dans des royaumes que plus tard il serait presque impossible de leur enlever. Déjà elle régnait sur la Hollande, la Westphalie, la France considérablement agrandie vers le nord et vers l'Allemagne ; en Piémont, dans la Lombardie, à Venise, en Toscane, à Rome, à Naples, à Lucques, en Espagne et en Portugal. La moitié de l'Europe était donc sous sa domination.

Je ne pouvais envisager tant de puissance avec résignation ; aussi, dès que j'appris que les Espagnols avaient pris les armes avec la ferme résolution de ne plus les quitter, je me mis en mesure de leur procurer les chefs suprêmes qui leur manquaient, et d'écarter d'eux les hommes dont l'ambition pouvait leur nuire. J'envoyai en conséquence d'Avaray à Londres pour traiter cette matière avec l'ambassadeur des insurgés espagnols. Voici quel était mon plan, dont la pensée secrète, je l'avoue, était de me produire sur la scène politique comme la personnification du principe de la légitimité, opposé au principe de l'usurpation personnifié dans Buonaparte.

Je proposai d'abord aux Espagnols :

1° De faire déclarer solennellement que la captivité de leur famille royale la rendait inhabile momentanément à exercer le pouvoir souverain ;

2° Que ce pouvoir ne devait pas néanmoins être suspendu ;

3° Qu'il fallait le confier à des mains capables de l'exercer dans le double intérêt de la famille royale et de la nation ;

4° Que les seuls hommes propres à remplir ce but, étaient ceux qui, par leur position, ne m'inspireraient aucune crainte pour l'avenir;

5° Que j'étais le seul dans le cas de remplir ce rôle, en vertu de mon titre de chef réel de la maison de Bourbon, dans toutes ses branches ; que seul j'offrais toutes les garanties nécessaires à la famille royale et à la nation espagnole ;

6° Qu'en conséquence il serait urgent de procéder le plus tôt possible à ma nomination à la régence temporaire, régence qui d'ailleurs me revenait de droit, comme tuteur légitime et paternel de tous les princes de mon sang, soit mineurs, soit captifs ; que cet acte serait conforme au principe légal de tous les codes possibles, où les ascendans dans leurs sommités sont toujours appelés à la présidence des conseils de famille, tutelles, curatelles, gardes privilégiées, à moins que leur incapacité personnelle ne soit évidemment constatée ;

7° Que je demandais à être investi de mon droit, afin de régulariser les efforts des généreux Espagnols ;

8° Que mon frère, mes neveux, le prince de Condé et le duc de Bourbon, seraient aussi les chefs militaires les plus convenables de l'insurrection ; que cependant, si la réunion des branches françaises en Espagne ne plaisait pas à la nation, je les écarterais, et que seul j'irais y remplir ma tâche. Néanmoins, dans le cas où ma santé me retiendrait en Angleterre, Monsieur me remplacerait avec le titre de pro-régent et de mon lieutenant-général.

C'était le résumé de mes instructions. J'avais dit de vive voix à d'Avaray ce qu'il ne me convenait pas d'écrire. Le point le plus essentiel pour nous consistait à s'opposer par tous les moyens possibles à ce que le duc d'Orléans eût un commandement quelconque en Espagne. Je savais que ce prince s'était mis en avant, aussitôt après la captivité de la famille royale, et qu'il agissait activement auprès des envoyés de la junte provisoire, pour se faire employer par elle : ce qui ne m'agréait nullement.

J'aime à croire, je le répète, que le repentir du duc d'Orléans est sincère; je me fie d'ailleurs sur la foi de ses engagemens et de ses promesses : mais ses principes politiques n'ont jamais été les nôtres ; nos hommes n'ont jamais été les siens ; enfin, il y a entre nous des antipathies qui m'ont toujours donné peu de penchant à le rapprocher intimement de ma personne et à lui confier de grands intérêts. Si c'est un tort, et je m'en accuse avec franchise, l'avenir seul peut décider cette question entre nous. Mais la prudence met sans cesse ces deux vers de Voltaire devant mes yeux :

> Souvent il a suffi, pour troubler tout l'état,
> De la voix d'un pontife ou du cri d'un soldat.

Je ne pus voir sans un vif mécontentement, à cette époque, que ce prince, avant de m'avoir consulté, voulût se faire appeler en Espagne, lorsqu'on ne recourait encore ni à moi, ni à mon frère, ni même à mes neveux. J'aurais désiré qu'il vînt franchement m'expliquer son désir, et me demander mon agrément; je ne le lui aurais pas accordé, il est vrai, mais du moins cette marque de soumission m'eût satisfait.

D'Avaray, conformément à mes ordres, commença par exprimer aux envoyés espagnols le chagrin que je ressentais si on donnait la préférence sur moi à tout autre membre de la famille royale, et surtout au duc d'Orléans. Ce prince était alors à Malte, où il avait conduit le duc de Beaujolais, attaqué de la maladie de poitrine qui mit fin à ses jours. Le duc d'Orléans alla distraire sa douleur dans un voyage en Sicile, où il fut accueilli de la manière la plus flatteuse, par le roi, la reine et toute la famille royale de Naples.

C'était de là qu'il manœuvrait pour obtenir d'être appelé en Espagne. Les envoyés insurgés ne me firent aucune réponse favorable en renvoyant ma demande principale, celle de mon appel à la régence à la décision des Cortès lorsqu'ils jugeraient à propos de s'en mêler. Je ne me rebutai pas cependant, et je fis poursuivre l'instance avec une nouvelle activité; mais des difficultés de toutes sortes s'élevèrent autour de moi : je sus que l'Autriche, toujours empressée à me nuire et déjà en pourparlers avec l'Angleterre pour les conditions d'une quatrième alliance, s'opposait à ce que j'allasse jouer un rôle en Espagne; il est vrai qu'elle nourrissait secrètement la prétention à faire valoir ses droits à la couronne d'Espagne, de remplacer dans ce royaume l'ancienne maison d'Autriche.

Le cabinet anglais se déclara aussi contre mon désir. Sa cauteleuse politique multiplia les objections. Il se garda bien d'avouer les véritables raisons qui le guidaient dans cette circonstance ; l'Angleterre a toujours vu de mauvais œil mon esprit d'ordre, mon talent à gouverner; elle m'auraitbien plus soutenu en me connaissant inhabile ; dans la lutte qui s'élevait, elle prévoyait les immenses avantages qui lui en reviendraient si elle seule en conservait la direction. En conséquence on arrêta dans le conseil que ni moi ni aucun des princes de ma famille ne passeraient dans la Péninsule espagnole, et qu'on s'y opposerait à force ouverte si cette nation nous appelait : c'est ce qui arriva, comme on le verra bientôt.

Cette résolution me fut transmise sous des formes amicales qui ne me la rendirent pas moins cruelle. Je fis de vains efforts pour la faire changer; il fallut se soumettre et ne plus espérer que dans la Providence : elle daigna en effet penser à moi.

CHAPITRE X.

La reine et Madame Royale viennent rejoindre le roi en 1808. — Un mot sur la mort de madame comtesse d'Artois. — Accueil que fait aux princesses le prince régent. — Ce qu'il dit au roi. — La princesse de Galles. — Anecdote. — Correspondance de la princesse de Galles avec son mari. — Procès criminel qu'on lui intente. — Il est abandonné. — Elle vient voir Louis XVIII. — Le petit Billy Austin. — Détails sur sa visite. — Conversation curieuse. — Propos obscurs sur le duc d'Orléans. — Louis XVIII s'explique avec le prince régent sur cette visite. — La famille royale d'Angleterre prêtait au scandale. — Particularités sur la folie de George III. — Lettre par laquelle il annonce à Pitt sa première guérison. — Détails sur l'emploi uniforme de ses journées. — L'aloyau royal.

Avant de poursuivre le récit des événemens arrivés en Espagne, et qui se rattachent plus particulièrement à l'histoire de ma famille, il en est d'autres que je veux placer ici.

Dès que je me fus installé à Godfield-Hall, et que la saison le permit, je me déterminai à appeler près de moi la reine et Madame Royale, qui continuaient à séjourner à Mittau; le marquis de Bonnay, l'un des hommes en qui j'avais le plus de confiance, fut chargé de cette mission, dont il s'acquitta avec autant de zèle que de dévouement. Les princesses cependant ne purent se mettre en route que dans le commencement de juillet 1808. Elles s'embarquèrent à Liban, ville maritime de la Courlande, et arrivèrent en Angleterre après une assez heureuse traversée.

Notre réunion de famille n'aurait été troublée par aucun chagrin domestique, si elle eût été complète; mais la reine ne retrouva pas sa sœur, Madame comtesse d'Artois, décédée depuis 1804. C'était pour nous une perte bien sensible : Madame avait de précieuses qualités, et je lui étais particulièrement et sincèrement attaché. Madame la duchesse d'Angoulême, qui inspire tant d'intérêt par ses infortunes, ses vertus et son caractère, reçut des visites de la haute noblesse des trois royaumes, qui s'empressa de venir lui présenter ses hommages. Nous en obtînmes tant de marques de respect et d'attachement, que, voulant lui montrer ma gratitude, je fis construire, dans le parc de Goldfield-Hall, un temple dédié à la Reconnaissance; cinq chênes devaient l'ombrager : je plantai le premier; la reine planta le second; les trois autres le furent par notre nièce et nos deux neveux.

Le prince de Galles ne cessait de me répéter que si jamais il parvenait à la couronne, il s'efforcerait de concilier ce qu'il devait à son peuple avec le vif désir de me ramener en France. J'étais sensible à ses témoignages d'amitié ; et un jour que je les lui manifestais de mon mieux,

— Ah ! sire, me dit-il, c'est une réparation que je vous dois : n'ai-je pas le malheur d'avoir été l'ami du duc d'Orléans !

Il parlait d'Égalité. Le prince de Galles était sans contredit le plus beau cavalier des trois royaumes. Il me représentait ce qu'avait dû être Louis XIV, mon auguste aïeul. Il aimait comme lui la magnificence, et il fut toujours cher à ceux qui étaient en position de l'approcher, bien que quelques taches aient obscurci l'ensemble de ses brillantes qualités. Il venait souvent me voir incognito à Goldfield-Hall, accompagné d'un chambellan et d'un simple groom. Il parlait avec autant d'esprit que de sens. Pourquoi les plaisirs de la table avaient-ils tant d'attraits pour une âme si noble ?...

Je le vis bien plus souvent lorsqu'il fut certain de ne plus rencontrer chez moi sa femme, qu'il fuyait non sans raison. Dans le commencement de mon séjour à Goldfield-Hall, cette princesse me fit une visite dont je parlerai tout à l'heure ; elle crut ensuite devoir se rapprocher de Madame Royale, mais il existait trop d'incompatibilité entre elles deux pour qu'une liaison fût possible. Après quelques tentatives poliment repoussées, la princesse de Galles nous délivra de sa personne, ce dont nous lui sûmes bien gré.

Caroline-Amélie-Élisabeth, princesse de Galles, née le 17 mai 1768, était fille du prince de Brunswick Wolfembutel. Elle atteignait alors la quarantième année d'une vie singulièrement agitée. On la maria en 1795, avec le prince de Galles son cousin, lequel, loin de souhaiter cette union, en éprouva un vif chagrin ; il céda à la volonté de sa famille, et au désir d'acquérir un revenu considérable afin de se délivrer d'une multitude de créanciers, car le roi s'était engagé à payer ses dettes. Les personnes intéressées à l'éloigner de sa femme y travaillèrent même avant le mariage, en lui représentant la princesse de Galles comme livrée déjà à toutes sortes de débauches ; en même temps on insinua à cette dernière que pour plaire à son époux elle devait feindre de partager ses goûts pour la table, etc. Cette perfidie eut un succès complet. Il est certain que la première nuit des noces la princesse entra demi-ivre de punch dans le lit nuptial. Les suites de cette inconséquence furent telles, que dès le lendemain le prince de Galles se retira dans son appartement particulier et ne rentra plus dans celui de sa femme. Cependant les nouveaux époux se gardèrent des ménagemens réciproques pendant la première année de ce triste mariage ; mais après la naissance de la princesse Charlotte, la désunion éclata avec tant de violence qu'il fallut se séparer publiquement. Ce fut alors qu'eut lieu cette correspondance connue entre les deux époux ; la première lettre du prince de Galles, en date du 30 avril 1796, disait :

« .... Nos inclinations ne dépendent pas de nous.

« Aucun de nous deux ne peut être responsable
« envers l'autre de ce que la nature a fait que nous
« ne nous convenions pas... Je souscrirai volontiers
« à la condition que vous avez demandée par l'en-
« tremise de lady Chomondeley, que même dans le
« cas où il arriverait quelque accident à ma fille
« (ce qu'à Dieu ne plaise!), je n'enfreindrai point
« les termes de la restriction en ne proposant en
« aucun temps une liaison d'une nature plus in-
« time... »

La princesse de Galles répliquait :

« Le récit de votre conversation avec lord Cho-
« mondeley (le mari de la dame d'honneur de la
« princesse) ne me surprend ni ne m'offense. Mais,
« après cela, il serait indigne de moi de me plain-
« dre des conditions que vous-même m'imposez. Je
« n'aurais pas répondu à votre lettre, si elle n'a-
« vait été conçue en des termes qui peuvent faire
« douter si cet arrangement vient de vous ou de
« moi, et vous n'ignorez pas que l'honneur en ap-
« partient à vous seul... »

Dès ce moment, un divorce fictif aux yeux de la loi, mais réel par le fait de la volonté des deux époux, sépara ce ménage. Bientôt la princesse de Galles, abandonnée à elle-même, commit des imprudences qui permirent de lui imputer des torts. La renommée s'en empara de telle sorte, qu'il ne fut pas possible de les passer sous silence; et en 1806, le roi ordonna une enquête basée sur les plaintes du prince de Galles, qui accusait le capitaine Mamby, l'amiral sir Sidney Smith, et quelques autres encore, d'avoir souillé son lit conjugal. Ceci fit un grand scandale ; le lord chancelier, les lords Erskine, Grenville, Spencer et Ellemborough, commissaires nommés pour faire un rapport sur cette affaire, tâchèrent de s'en acquitter avec une impartialité qu'on leur dénia. On entendit des témoins, le duc de Kent entre autres ; on voulut éclaircir le fait de la naissance du jeune Austin, mais on ne put prouver qu'il appartînt à la princesse de Galles.

Lorsque les choses furent aussi avancées, on comprit combien elles compromettaient la dignité de la famille royale, et on se décida à mettre fin à ce procès scandaleux. La princesse, à cette condition, consentit à ne pas faire usage de son mémoire de défense ; mais elle exigea en même temps une réparation égale à l'outrage. On proclama donc son innocence, sans opérer toutefois aucun rapprochement entre les deux époux.

Voilà où en étaient les choses quand j'arrivai en Angleterre. Je savais que tout rapport intime entre moi et la princesse de Galles déplairait à la famille royale, et je me flattais de les éviter, tant que la reine de France et la duchesse d'Angoulême ne viendraient pas me rejoindre ; mais il n'en fut point ainsi. Un mois à peine s'était écoulé depuis mon établissement à Goldfield-Hall, lorsque, par une belle matinée d'hiver, tandis que je me livrais dans mon cabinet à mes rêveries ordinaires, un bruit inaccoutumé se fit entendre, et bientôt je vis entrer d'Avaray tout effaré, qui me dit :

— Eh! mon Dieu, sire! comment faire? Voici la princesse de Galles qui vient rendre visite à Votre Majesté.

— La refuser, répliquai-je, est impossible.

Et aussitôt faisant un effort pour me lever, car la goutte me tourmentait à cette époque, j'essayai d'aller vers Son Altesse Royale ; mais elle entra sans aucune cérémonie, donnant à peine le temps de l'annoncer. Elle me parut bizarrement accoutrée, peu ou point jolie ; mais il y avait tant de mobilité dans ses traits, son âme ardente se peignait si bien sur sa physionomie, qu'elle n'était pas absolument laide. Elle tenait en vérité par la main ce petit drôle d'Austin, que l'enquête déclarait être le fils d'une pauvresse de Deptford, quoiqu'il ressemblât merveilleusement à la princesse de Galles. Le hasard se plaît souvent à des jeux bien désobligeans.

— Sire, me dit la princesse, il me tardait de voir un roi, car ils sont rares aujourd'hui, bien que le nombre des souverains ait augmenté. Quant à Votre Majesté, cette dignité lui est acquise autant par sa naissance que par la noblesse de son caractère.

Ce début flatteur me plaça dans une position difficile. On a peine à repousser une louange tournée avec délicatesse, et malgré moi je me sentis moins prévenu contre la protectrice de Billy Austin ; puis, à mon tour, je me lançai dans le vaste champ des complimens banaux; la princesse, étant assise, ajouta :

— Je gage qu'on ne m'a pas épargnée auprès de Votre Majesté, et que mes ennemis...

— Madame, m'empressai-je de répliquer, je ne connais encore que les qualités de Votre Altesse Royale.

— Ah! sire, dispensez-vous de faire de la diplomatie avec une femme. Je sais *qui* me hait, et *qui* a dû vous prévenir contre moi.

— Je suis venu en Angleterre pour y chercher du repos, Madame, et non pour m'immiscer dans des affaires qui me sont étrangères.

— On me représente comme bien coupable, répondit la princesse, et on ne recherche pas d'où sont venus les premiers torts.; j'ai été repoussée de ma place légitime avec une dureté sans pareille. Quand on employait contre moi une malice infernale, on aurait voulu que je tinsse la conduite d'un ange. Aussi, pour rétablir quelque peu l'équilibre de la balance, j'ai agi à mon tour en lutin, sans toutefois, grâces à Dieu, mettre le pied en enfer, à l'exemple de mon seigneur et maître.

Ce propos fut dit avec une finesse, un laisser-aller de bonne compagnie française, qui, je ne crains pas de l'avouer, me ramena délicieusement au temps de ma jeunesse.

— Ah! Madame, répliquai-je, les personnes de notre rang sont bien à plaindre : on ne les accuse jamais à demi.

— C'est peut-être une justice ; car, pour elles, les fautes doivent compter doubles. Cependant on exagère les miennes, on a tendu des piéges sous mes pas, et si je m'y suis laissé prendre, on a crié haro sur moi, au lieu de battre des mains pour se réjouir du succès de la ruse. Quoi qu'il en soit, je le répète, j'ai été victime d'indignes calomnies.

Cette conclusion du discours de la princesse me sortit un peu de la situation embarrassante où je me trouvai. Je me sauvai par des réflexions philosophiques ; je m'étendis sur la méchanceté des hommes, sur mille lieux communs, enfin, qui parurent satisfaire Son Altesse Royale. Lorsque j'eus cessé de parler, elle me raconta son procès dans tous ses détails, les inculpations qu'on avait élevées contre elle, et cela avec une froideur qui me surprit ; il me paraissait convenable que la princesse me dit un mot de mes malheurs, mais elle ne m'entretint que de ses propres infortunes, tout en se plaignant de l'égoïsme des hommes, et je suis persuadé qu'en me quittant elle s'applaudit du profond intérêt qu'elle m'avait témoigné. Son Altesse Royale allait partir, lorsqu'elle me dit avec beaucoup d'adresse :

— Sire, cette visite ne compte pas ; la princesse de Galles ne doit venir chez le roi de France qu'en la compagnie de son royal époux, et jusque là il ne lui sera pas permis de recevoir chez elle le comte de Lille.

Sur ce, elle s'en alla aussi vite qu'elle était venue. D'Avaray et Blacas, beaucoup plus agiles que moi, eurent peine à la suivre jusqu'à sa calèche ; après son départ, je me mis à réfléchir sur la bizarrerie d'une telle conduite, et à me demander comment je devais agir à l'avenir.

J'appris, vers la même époque, que, lorsque le duc d'Orléans vint s'établir sur le sol de la Grande-Bretagne, à Twickenham, la princesse de Galles eut la fantaisie de lier avec lui une connaissance intime ; mais il paraît qu'au bout de quelque temps l'aventureuse princesse la rompit la première. On n'a jamais bien connu la cause de cette subite rupture.

Le prince de Galles apprit bientôt la visite que m'avait faite sa femme ; je m'aperçus, lorsqu'il vint me voir, qu'il avait l'air embarrassé, et, saisissant cette occasion de tout concilier, j'eus recours à la franchise pour toute politique, et lui racontai les choses telles qu'elles s'étaient passées. Le prince de Galles m'écouta avec attention ; puis, prenant à son tour la parole, il me fit le récit de ses griefs contre la princesse, et je n'eus plus rien à dire. Que répondre à un mari qui vous prouve mathématiquement que la prédiction faite à Sganarelle s'est accomplie pour lui ? Je vis qu'il n'y avait aucun espoir de rapprocher ces malheureux époux, et l'irritation du prince ne m'annonça que trop les extrémités auxquelles il s'est porté depuis. Il est vrai que, de son côté, la princesse n'a pas craint d'afficher son indépendance jusqu'au scandale; elle a cependant plaidé dans le procès de son divorce, avec l'assurance d'une reine-vierge, en vraie héritière de la reine Elisabeth. Tous ces éclats sont fâcheux pour la considération du trône, et sous ce rapport la famille royale d'Angleterre n'est pas heureuse. Ses membres s'occupent trop peu du qu'en dira-t-on : le roi George III, d'ailleurs si vénérable, avait une folie bizarre qui lui eût donné autant d'enfans qu'au roi Salomon, si on l'avait laissé faire. Ce malheureux monarque avait eu des fous dans sa famille maternelle, particularité dissimulée avec soin, mais réelle. Un des premiers actes qui signalèrent son état d'aliénation, fut de faire donner tout-à-coup l'ordre aux cuisiniers, rôtisseurs, marmitons, hommes et femmes attachés au service de la bouche, de se raser désormais la tête. Il persista dans cette fantaisie, de manière à inspirer de sérieuses inquiétudes, et insensiblement il tomba dans une morne mélancolie dont rien ne pouvait l'arracher.

En 1788 le roi étant à Windsor, et tandis qu'il assistait et faisait sa partie à un concert de famille, il s'approcha du docteur Ayrton et lui dit :

— Je crains bien de ne pas être long-temps en état d'entendre de la musique ; il me semble qu'elle affecte ma tête.

Puis, portant les yeux autour de lui, il ajouta : — Hélas! les plus forts d'entre nous ne sont que de bien faibles mortels !

Quelques jours après, la maladie se déclara avec

une extrême violence. Le docteur Willis, appelé, essaya un traitement si rigoureux, que, malgré le succès dont il fut suivi, le roi en conserva une impression pénible qui lui rendit toujours désagréable la présence de l'habile médecin. Tant que le monarque resta sous l'influence de cette fatale maladie, la direction des affaires fut confiée au ministère, qui consultait la reine en secret. L'opposition, prétendant que George III ne recouvrerait plus sa santé, voulait provoquer une régence, afin d'amener un changement de ministère. Le bill, après de longs débats, allait être présenté au parlement, lorsque, le 22 février 1789, Pitt reçut une lettre tandis qu'il était à dîner chez lord Chesterfield avec lord Melville. Après l'avoir lue, il la passa à ce dernier en lui disant à l'oreille qu'il désirait en causer avec lui dans le cabinet de lord Chesterfield. Cette lettre, de la main du roi, était ainsi conçue :

« Le roi éprouve la plus grande satisfaction à re-
« nouveler à M. Pitt ses communications, trop
« long-temps interrompues par une pénible mala-
« die. Il craint que, pendant cet intervalle, les af-
« faires publiques aient été entravées de beaucoup
« de difficultés. Il est donc à souhaiter qu'on prenne
« sur-le-champ des mesures pour rétablir le gou-
« vernement du roi dans l'exercice de ses fonctions.
« M. Pitt, en conséquence, s'entendra demain ma-
« tin avec le lord chancelier sur les moyens les plus
« expéditifs d'atteindre à ce but ; après quoi, le roi
« recevra M. Pitt à Kew, à une heure. »

Ce fut ainsi que le ministère apprit cet heureux événement. On avait attribué la maladie du roi à une trop grande application aux affaires, et on essaya de l'en écarter adroitement. Depuis ce moment les attaques de folie du monarque se renouvelèrent à divers intervalles, jusqu'en 1810, où la régence devint impérieusement nécessaire, quoique déjà elle existât par le fait.

Lorsque j'arrivai, ayant questionné un des serviteurs de Sa Majesté britannique, il me donna les renseignemens suivans :

« Le roi habite le château de Windsor ; son appartement, composé de quelques pièces de plain-pied, est situé au rez-de-chaussée, au nord, ce qui le rend plus salubre ; il y a dans chaque salle un clavecin sur lequel Sa Majesté promène ses doigts tandis qu'elle va d'un lieu à un autre. Depuis que sa vue s'est améliorée, le roi ne porte plus l'immense chapeau rond garni de garde-vue de soie dont il se servait précédemment ; il n'est plus aussi sobre que naguère, et se dédommage de la contrainte que lui a imposée la médecine. On ne trouve aucun tapis dans son vaste appartement ; sa chambre, fort simple, est meublée dans le style moderne, sous la seule direction de la princesse Élisabeth. La reine et les princesses occupent l'aile gauche orientale du château. Après le lever du roi, qui a lieu généralement à sept heures, il se rend presque toujours dans le salon de la reine, où il est reçu par une des princesses, Augusta, Sophie et Amélie, qui, chacune à leur tour, attendent leur respectable père. De là, le monarque et sa fille, suivis d'une dame de compagnie, vont à la chapelle du château, où le service divin est célébré par le doyen ou le sous-doyen. Cette cérémonie dure environ une heure, de huit à neuf ; le roi déjeûne chez la reine avec les cinq princesses. Là est dressée la table dans une magnifique salle décorée à la moderne, qui donne une vue délicieuse sur le parc. Le roi et la reine prennent place au bout de la table, et les princesses s'y asseyent suivant leur âge. A tous autres égards, l'étiquette est strictement observée lorsque l'on passe dans la chambre à coucher.

« Après le déjeûner, le roi monte à cheval, accompagné de ses écuyers. Les trois princesses, Augusta, Sophie et Amélie, sont ordinairement de la partie. Lorsque le temps est mauvais, Sa Majesté se retire dans sa chambre, et fait appeler les généraux Fitzroy ou Manners pour jouer aux échecs avec elle. Le roi est très-satisfait lorsqu'il bat le premier, réputé pour un excellent joueur.

« Le roi dîne régulièrement à deux heures ; la reine et les princesses, à quatre. Sa Majesté va les visiter à cinq heures, et prend avec elles un verre d'eau et de vin ; après cela, le roi, quand sa santé le lui permet, s'occupe d'affaires publiques dans son cabinet, où il est accompagné du colonel Saylor, son secrétaire particulier. Le soir, il joue aux cartes dans l'appartement de la reine, où l'on place trois tables. Les principaux membres de la noblesse du voisinage sont invités à ces parties. Lorsque l'horloge du château sonne dix heures, les visiteurs se retirent ; on sert le souper, mais pour la forme seulement, car personne n'y touche. Le coucher est à onze heures. L'histoire d'un jour est celle de toute une année. »

J'écoutai avec intérêt ces détails minutieux. Quoi ! me dis-je, voilà donc le cercle resserré où se meut le monarque d'un gouvernement qui fait agir ses rouages dans toutes les parties du monde ? Ah ! il a bien raison, le plus fort parmi les hommes est bien faible ! — Mais, demandai-je au narrateur, le roi ne prend donc aucune distraction ?

— Oh ! si fait, me répondit-il ; il aime beaucoup, dans les cas extraordinaires, à faire servir un bon aloyau, et prend surtout plaisir à le voir rôtir sous ses yeux... Dernièrement il en a commandé un qui pesait cent soixante-deux livres ; on fut plus de deux heures à le dresser, et il fallut mettre un homme dans le tourne-broche, car aucune machine n'aurait pu le tourner. On fondit tout exprès un plat d'argent pour le recevoir, et tandis qu'il cuisait, Sa Majesté envoya, à diverses reprises, des personnes de condition pour l'examiner et lui en rendre compte. C'était un vrai morceau de roi. — Shakspeare n'a pas deviné celle-là dans les extravagances de son *roi Léar*.

CHAPITRE XI.

Evénemens de l'année 1809. — Le duc d'Orléans part pour l'Espagne. — On l'empêche de débarquer à Gibraltar. — Il vient en Angleterre. — Il écrit à Louis XVIII. — Qui lui répond. — Le ministère anglais lui interdit l'entrée de l'Espagne. — Il vient voir Louis XVIII. — Sa sœur arrive au moment de son départ. — Ils se rendent tous deux en Sicile. — Le duc se réunit à sa mère. — Ses sollicitudes relativement à la dot de sa femme. — Réponse qui lui est faite. — Il aura l'argent.

L'année 1809 fut aussi fertile en événemens que la précédente. Les principaux se composèrent des pertes que firent les Français dans les îles de Cayenne, contre les Espagnols et les Portugais réunis ; de la conquête de la Martinique par les Anglais ; des relations de commerce rompues entre les États-Unis de l'Amérique, la Grande-Bretagne et la France ; de la révolution de Suède qui précipita du trône Gustave IV et sa famille, pour y placer son oncle, le duc de Sudermanie, et par suite un de mes sujets, l'héroïque maréchal Bernadotte ; de la cinquième guerre de l'Autriche contre la

France; de la réunion des états romains à l'empire de Buonaparte ; de l'excommunication lancée contre lui par le pape Pie VII, devenu son prisonnier ; de la continuation de la campagne dans la Péninsule ; de la descente des Anglais à Flessingue, et enfin de la dissolution du mariage de Napoléon avec Joséphine, scandale qui en préparait un plus grand encore. Je vais essayer de peindre à grands traits ces événemens, selon le plus ou le moins de rapports qu'ils ont eus avec mes intérêts privés.

J'ai dit plus haut qu'au moment où, en 1808, éclata le soulèvement d'Espagne, le duc d'Orléans se trouvait en Sicile, où il essayait de se consoler de la perte récente de son plus jeune frère ; il avait aussi pour but d'obtenir la main de la princesse Amélie, fille aînée de Ferdinand III. On apprit avec douleur à Palerme l'attentat de Buonaparte ; la famille royale, que cette usurpation attaquait doublement, conçut le désir naturel de s'y opposer, et d'offrir aux Espagnols des chefs tirés de la maison de leurs souverains. On décida donc que Son Altesse Royale Léopold, prince de Salerne, et second fils de Ferdinand III, irait à la défense du trône de sa famille.

Le duc d'Orléans l'excita vivement à exécuter ce projet chevaleresque, et se proposa pour servir de compagnon d'armes, et en quelque sorte de mentor, au jeune prince. L'ambassadeur anglais en Sicile, n'ayant aucun ordre de sa cour, ne s'opposa pas à ce voyage. Il le facilita même en mettant à la disposition des princes une frégate de guerre anglaise ; mais en même temps il s'empressa d'en donner connaissance à son gouvernement.

Le départ de Palerme eut lieu ; les illustres voyageurs atteignaient Gibraltar, se promettant sans doute de cueillir, dans la Péninsule, de nombreux lauriers ; mais il n'en fut pas ainsi : le cabinet de Londres, en me prévenant qu'il ne serait accordé à aucun prince de mon sang d'aller prendre part à la guerre d'Espagne, n'en excepta pas le duc d'Orléans. Je crus donc, dans cette circonstance, ne pas devoir faire adresser à ce dernier une défense rendue inutile par une autre volonté que la mienne.

Le duc d'Orléans prit sans doute mon silence pour le consentement qu'il avait oublié de me demander. Le voilà donc à Gibraltar, et bien surpris lorsque le gouverneur le prévient, ainsi que le prince de Salerne, de l'impossibilité où il se trouve de leur laisser mettre le pied sur le territoire espagnol. Le prince Léopold se soumit avec beaucoup de dignité à cette décision inattendue, et il séjourna deux mois à Gibraltar, où il se livra aux plaisirs de son âge.

Le duc d'Orléans ne montra pas la même soumission. Singulièrement désappointé par cet obstacle qui l'empêchait de se mettre à la tête des troupes du roi catholique, pour combattre l'usurpateur, il se plaignit avec tant de véhémence, que le gouverneur se vit forcé de l'avertir que non-seulement il ne pouvait céder à son désir, mais qu'il avait encore ordre de son gouvernement de le faire partir sur-le-champ pour l'Angleterre, par le même vaisseau qui l'avait amené à Gibraltar.

Le prince essaya vainement d'en appeler contre cet arrêt impérieux; la frégate sur laquelle il se trouvait appareilla aussitôt que le prince Léopold l'eut quittée, et fit voile pour la Grande-Bretagne, où elle aborda dans le mois de septembre. Le duc, en arrivant, m'écrivit pour me demander l'autorisation de passer en Espagne. C'était y songer un peu tard; il aurait dû venir me voir, mais il sollicita d'abord auprès du cabinet de Londres, et se plaignit amèrement de la conduite du gouverneur de Gibraltar à son égard. La réponse qu'il en reçut ne le satisfit pas plus que la mienne.

Je lui mandai que mon autorisation serait subordonnée à la mesure que le gouvernement anglais adopterait envers lui, ne voulant pas me compromettre; j'ajoutai qu'il ne devait pas se formaliser d'un interdit qui pesait également sur tous les membres de la famille, et que, par conséquent, le plus sage était de prendre patience.

Le ministère, à son tour, justifia le gouverneur de Gibraltar, en avouant qu'il n'avait fait qu'exécuter les ordres du gouvernement anglais; que la politique européenne s'opposait à ce qu'aucun des princes de la maison de Bourbon prît part à la guerre d'Espagne, et que ce point était tellement arrêté, que nulle considération ne pourrait y rien changer. Le duc d'Orléans se décida alors à venir me rendre ses devoirs. Je le reçus avec grâce, mais sans lui dire un mot de l'Espagne. Notre conversation fut triste ; il n'était pas content, je l'étais encore moins, ne prévoyant pas ce que l'avenir me réservait de favorable. Le prince me conta ses espérances de mariage avec la princesse Amélie. Je savais déjà que la cour de Naples avait depuis longtemps arrêté ce projet qui reçut son exécution, bien que la reine Caroline eût eu un instant l'envie de le rompre. Dans la position du duc d'Orléans, cette alliance était une bonne fortune à laquelle il ne pouvait guère prétendre, car l'avenir ne lui promettait rien de meilleur. Il me dit qu'il tâcherait de se faire assurer un sort avantageux par le gouvernement des Deux-Siciles. Puis il me quitta pour aller à Londres, obtenir la permission de visiter sa mère, qui alors habitait Figuère. Je fus le premier à solliciter en sa faveur le prince de Galles, lequel ayant passé, comme je l'ai dit, d'une vive amitié pour le feu duc d'Orléans à une sorte d'aversion, me répliqua :

— Sire, ne vous apitoyez jamais sur le sort de ce prince, et laissez à la Providence le soin de s'en occuper. Il ajouta que le ministère anglais ne consentirait en aucun temps à ce qu'il allât en Espagne, mais qu'il pouvait retourner à Palerme si cela lui convenait ; on mit, à cette effet, un vaisseau de l'état à sa disposition, qui devait d'abord le conduire à Malte, puis en Sicile.

Le duc était sur le point de quitter l'Angleterre, lorsqu'on suspendit de quelque temps son départ, à cause de l'arrivée de mademoiselle d'Orléans, qui venait enfin le rejoindre. Cette princesse, depuis sa sortie de France en 1792, avait séjourné d'abord avec madame de Genlis, dans un couvent à Bremgarlen, puis était allée rejoindre sa tante, la princesse de Conti, et, en dernier lieu, s'était réunie à sa respectable mère, en Espagne. Mademoiselle d'Orléans n'y resta pas long-temps. Croyant que son frère devait faire un long séjour en Angleterre, elle se décida à venir se mettre sous sa protection. Elle arriva donc, comme je l'ai dit plus haut, au moment du départ du prince.

Le duc d'Orléans aurait vivement souhaité nous présenter sa sœur, mais des circonstances particulières s'y opposèrent ; cependant on sauva si bien les apparences, que beaucoup de personnes crurent que mademoiselle d'Orléans était venue nous rendre ses respects.

Le frère et la sœur partirent enfin ; le premier, toujours dans le dessein d'aller voir sa mère, dont il était séparé depuis huit ans. Débarqué à Malte, il dépêcha vers madame la duchesse d'Orléans le chevalier de Broval, son homme de confiance, afin de la décider à venir le trouver, puisqu'on lui interdisait à peu près la douceur d'arriver jusqu'à elle. En même temps il se détermina à poursuivre sa route vers la Sicile, où il lui était permis de séjourner.

Le prince arriva à propos à Palerme : on avait profité de son absence pour le rendre suspect à la famille royale. On avait été jusqu'à prétendre que son dessein, en allant en Espagne, était de s'emparer de cette couronne dans le cas où les circonstances le favoriseraient. Le duc réfuta facilement ces calomnies ; il jura que, dans quelque position que la fortune le placerait, il ne s'écarterait jamais de ses devoirs en cherchant à envahir des droits qui n'étaient pas les siens.

Notre cousin d'Orléans ne manque pas d'adresse; il en fit usage pour changer les dispositions de la reine, alors opposée à son union avec la princesse Amélie. Enfin il obtint ce qu'il souhaitait si ardemment; le mariage eut lieu. J'y avais donné mon consentement à l'avance, et avec d'autant plus de plaisir qu'il me délivrait d'une grande inquiétude. N'existait-il pas de par le monde des officieux qui avaient cherché à rapprocher ce prince de la famille Buonaparte, par un mariage qui lui aurait rendu à la fois ses droits de cité et ses droits de prince français ! On m'avait même assuré que le duc d'Orléans trempait dans cette intrigue. Bien que je n'ajoutasse aucune foi à ces rapports, je me trouvai cependant plus à l'aise quand je n'eus plus rien à craindre de ce côté.

Avant son mariage, le duc d'Orléans fit un dernier effort pour voir sa mère; il se rendit en Sardaigne, où il fut très-bien accueilli, à Cagliari, par la cour, laquelle voulut bien jeter un voile sur le passé. Le prince s'y trouvait encore lorsqu'il apprit que l'Angleterre lui permettait d'aller joindre madame la duchesse d'Orléans à Mahon. Il s'y rendit aussitôt, et ramena sa mère en Sicile, où elle assita à son mariage avec la princesse Amélie, qui fut célébré le 25 novembre 1809.

On me manda à ce sujet des détails très-circonstanciés. J'appris comment le parlement de la Sicile avait accordé à la princesse une dot supérieure à celle qu'on avait donnée jusque là aux enfans des rois. Notre cousin a toujours su concilier les intérêts matériels avec le sentiment. Si jamais il devenait roi, son royaume serait de ce monde.

CHAPITRE XII.

Le roi veut marier le duc de Berry. —On lui refuse Marie-Louise. —Buonaparte demanda indirectement cette princesse en 1808. —Propos, à ce sujet, du baron de Thugut. — Campagne de 1809. — Le roi cherche à sauver la coalition. — Espoir de succès. — Révolution en Suède. — Détails sur ce point. — Le duc de Surdermanie. —Catastrophe du comte de Fessen. — Bernadotte. — Revers de l'Autriche. — Relations curieuses sur le mariage de Buonaparte avec l'archiduchesse Marie-Louise. — Alternative imposée à l'Autriche. — Acte signé par l'empereur François II. — Traité de paix.

Je ne pouvais qu'applaudir au mariage du duc d'Orléans, bien que je trouvasse que le roi de Naples s'était un peu trop pressé. Mais enfin, comme chef de la famille, je devais désirer qu'elle ne restât pas sans héritiers. Une stérilité fatale paraissait frapper l'union du duc d'Angoulême, et le duc de Berry, qui devenait notre seule espérance, ne pouvait prendre la première femme venue. J'avais déjà cherché à lui en trouver une, et la politique s'était partout opposée à mes vœux. Je dirai que, parmi les princesses que j'aurais voulu politiquement appeler ma nièce, l'archiduchesse d'Autriche occupait le premier rang. Des démarches furent faites à ce sujet peu de temps après la campagne d'Austerlitz. La famille impériale répondit qu'elle verrait avec plaisir cette alliance, si elle ne craignait qu'elle déterminât une seconde guerre, Buonaparte s'étant expliqué auprès de tous les souverains sur un projet d'union avec le duc de Berry.

Il fallut donc renoncer à ce plan; mais, en revanche, la reine Caroline de Naples, dès 1807, m'avait fait offrir sa fille aînée, la princesse Amélie, pour mon neveu. Je ne crus pas dans ce moment devoir accepter cette proposition, sachant qu'elle aurait contrarié la cour de Russie. Cette puissance ne m'eût peut-être pas refusé une grande-duchesse, mais la conviction qu'elle ne renoncerait pas à sa croyance m'empêchait de souhaiter une telle alliance. Une princesse catholique peut seule s'asseoir sur le trône très-chrétien de France. Je remis donc à une époque plus heureuse le mariage du duc de Berry, qui d'ailleurs savait très-bien prendre patience. Sa philosophie sur ce point était telle, que parfois elle m'inquiétait.

Il me revint que les sollicitations de l'Angleterre et le chagrin d'avoir perdu tant de provinces par le traité de Presbourg, décidaient l'Autriche à tenter encore une fois les chances de la guerre. Elle se flattait de n'avoir à combattre que de nouvelles levées, l'Espagne ayant dévoré ou retenant les vieilles bandes françaises de Marengo, d'Austerlitz et d'Iéna. Je crus ce moment favorable pour récidiver ma demande de l'archiduchesse Marie-Louise pour le prince mon neveu. J'y mis d'autant plus de confiance, que le prince régent m'avait témoigné le plaisir qu'il aurait à voir cette alliance. Je le priai alors de concourir directement à ma seconde demande, en faisant une ouverture à ce sujet au cabinet de Vienne. Il y consentit; la réponse ne se fit pas attendre : c'était un refus positif, motivé sur ce que la main de l'archiduchesse était promise.... A qui? fut la première question que nous nous adressâmes. Puis nous passâmes en revue tous les princes de l'Europe, sans pouvoir découvrir celui qui deviendrait le gendre de l'empereur d'Autriche. J'avoue que ma perspicacité fut en défaut comme celle du prince régent, et qu'il ne nous vint même pas à la pensée, que Buonaparte était l'heureux mortel que François II destinait pour époux à la jeune princesse. Cependant j'ai su depuis qu'avant même la campagne de 1809, des propositions de mariage avaient été faites à Vienne, et qu'on les avait repoussées avec hauteur. Le vieux Thuguet, consulté dans toutes les affaires importantes, bien qu'il fût retiré à Presbourg, répondit à l'empereur au sujet de la démarche de Buonaparte.

— Sire, refusez; mais si, plus tard, la fortune vous trahit, ces noces serviront à consacrer davantage encore ce vers latin qui doit demeurer la règle de conduite de votre auguste famille.

...*Tu felix austria nube.*

Chaque fois que la guerre agitait le continent, il pouvait en résulter pour ma cause des chances favorables. J'avoue que j'eus quelque espoir, lors de l'ouverture de celle de 1809. L'Autriche avait fait des préparatifs formidables ; l'Espagne la secondait vivement. L'Angleterre, de son côté, se disposait à effectuer une descente aux embouchures de l'Escaut. Le roi de Suède s'était engagé à recommencer les hostilités ; on pensait que la force déterminerait le Danemarck à se prononcer pour la coalition. La Prusse, accablée et justement indignée contre Buonaparte son oppresseur, avait promis, en secret il est vrai, mais d'une façon positive, d'opérer un soulèvement général dans toutes ses provinces, aux premiers revers qui abattraient l'orgueil de son insolent vainqueur. L'Italie même, excitée par le clergé, pouvait offrir à la coalition des secours qui seraient renforcés par la bulle d'excommunication que lancerait le Saint-Père.

Dans cette occurence, je songeai à aider de tout mon pouvoir au succès de cette guerre légitime. Je redoublai l'activité de ma correspondance avec l'intérieur de mon royaume. Je mis en course tous mes agens. Le comité royal de Paris me promettait merveilles, bien qu'il s'enveloppât dans une prudente réserve. Un plan fut dressé pour réveiller la Vendée et la Bretagne. Ce plan devait se rattacher à un mouvement insurectionnel dont on me berçait également ; il embrasserait le Berry, la Saintonge, le Limousin, la Guyenne, la chaîne des Pyrénées de l'une à l'autre mer, le Languedoc et la Provence. Par là on couperait les communications avec les armées impériales qui combattaient en Espagne, et on ferait une diversion à l'expédition anglaise vers le Nord ; expédition soutenue, ai-je dit, par le concours des couronnes de Danemarck et de Suède.

Ce fut avec ces chances de succès que s'ouvrit l'année 1809. Mais, dès le début, je vis s'évanouir en fumée toutes ces brillantes chimères. Le mois de janvier fut rempli par plusieurs batailles, que gagnèrent en Espagne et en Portugal les maréchaux Victor et Soult ; Cayenne, la Guyenne française, la Martinique avec les établissemens du Sénégal, tombèrent au pouvoir des Anglais. Ce ne fut pas une compensation. Mais il est une catastrophe qui me toucha plus au cœur, et vint y rouvrir une plaie que le temps n'a pas cicatrisée : je veux parler de celle qui précipita du trône Sa Majesté le roi de Suède Gustave IV. Cette révolution inattendue me plongea dans une profonde douleur. Le roi de Suède était le seul souverain qui eût pris un réel intérêt à ma cause, le seul qui se montra roi sans lâcheté ; il a tant de générosité et de grandeur d'âme, qu'on ne veut pas lui accorder la plénitude de sa raison. Nous vivons dans un siècle si positif, qu'on n'admet la sagesse que là où les actions sont conformes à l'avantage qu'on peut en retirer ; il ne faut donc pas s'étonner si on taxe d'extravagance toutes celles qui s'appuient seulement sur l'honneur, le désintéressement et la vertu. La postérité, revenue à de meilleurs sentimens, ne confondra pas si injustement avec don Quichotte un monarque digne, en effet, du temps de la chevalerie. Elle montrera le roi de Suède déployant une noble énergie dans une lutte bien inégale, cédant à la violence de la tempête, mais sortant sans tache de ses étreintes. Gustave est malheureux, abandonné, mais il a droit à l'estime de mes concitoyens, et la maison de France ne doit jamais oublier tout ce qu'il a fait pour elle. Que ne puis-je lui rendre ce que nous en avons reçu !

Le duc de Sudermanie est un de ces princes astucieux qui naissent près du trône avec le désir d'y monter, et dirigent toutes les intrigues propres à en renverser le légitime possesseur. On lui avait reproché des actes de révolte contre le roi son frère, Gustave III; on l'avait même accusé de n'avoir pas été étranger à la mort funeste de ce monarque; on le savait dévoré d'une ambition sans frein, et la preuve en fut acquise lors des infortunes du roi son neveu. Ne pouvait-il conserver la couronne aux enfans de ce prince ? était-ce donc en lui une nécessité absolue de chasser sans retour la race royale sa propre famille, pour appeler au trône des étrangers ? J'avoue que la conduite de celui qu'on dut appeler Charles XIII m'inspira un profond éloignement pour sa personne, et que je ne m'occupai nullement de le féliciter sur son avènement, tandis que mes consolations allèrent chercher son neveu dans l'exil.

J'avais depuis plus de deux ans essayé de déterminer Gustave IV à agir d'une manière plus conforme à la rigueur des circonstances. Je lui avais conseillé de ménager davantage Buonaparte. Je savais que les émissaires de ce dernier cherchaient à soulever la noblesse suédoise, que lui-même entretenait une correspondance secrète avec le duc de Sudermanie. Le roi de Suède me répondit que nul péril ne le ferait dévier du chemin de l'honneur; qu'il fallait que l'Europe fournît au moins un prince qui soutînt la majesté du trône, et qu'il aspirait à ce rôle, dût-il en résulter sa propre chute. Quant au duc de Sudermanie, ajouta-t-il, je le fais surveiller avec soin, et les dispositions hostiles de la noblesse sont balancées par l'attachement sincère que les autres ordres du royaume portent à ma personne royale.

Gustave IV ne comprit pas que la perte de la Poméranie suédoise, que la conquête de la Finlande par la Russie, lui faisait un tort infini; que ces désastres touchaient trop à l'intérêt commun pour ne pas exciter un mécontentement universel, et qu'enfin la continuation de la guerre avec des résultats si funestes exaspérait la nation. Il persista donc à suivre la même route.

De nouvelles lumières me parvinrent de Stockholm par des émigrés français, puis la connaissance exacte du complot qui s'ourdissait, et je me hâtai de le mander au roi. Mes révélations arrivèrent trop tard; et lorsque le vaisseau anglais qui les portait aborda en Suède, la révolte était consommée. On sait comment elle eut lieu : les armées suédoises se soulevèrent; les conjurés, ayant l'assentiment du duc de Sudermanie, et pour chefs apparens les généraux Klingsporr et Adolescreutz, puis le maréchal Sylvesparse, se rendirent près du roi le 28 mars 1809, et lui signifièrent l'alternative de se rattacher à la politique continentale, ou de descendre du trône.

Une telle proposition indigna le magnanime successeur de Charles XII, qui n'y répondit qu'en voulant percer de son épée l'insolent orateur; mais on ne lui en laissa pas le temps : on se jeta sur le monarque, on lui arracha son arme, et la révolte avait déjà fait de tels progrès, que ce malheureux prince ne trouva pas autour de lui un seul défenseur. Ses propres gardes l'abandonnaient. Cette défection fut imitée par le reste de ses serviteurs : bientôt on osa le menacer de la mort, ainsi que sa famille, s'il ne renonçait pas à sa couronne; et Gustave IV, voulant sauver ses enfans, se résigna à sa mauvaise fortune. L'acte d'abdication qu'on lui dicta portait *qu'elle avait lieu librement et sans contrainte;* mais chacun sut à quoi s'en tenir sur la valeur de cette affirmation.

Le duc de Sudermanie monta sur ce trône usurpé; et son premier soin, pour l'enlever sans retour à sa famille, fut d'y appeler un prince étranger qui devait former la souche d'une nouvelle dynastie. Le choix des états du Suède, dirigé par lui, tomba sur le prince Christian d'Augustenbourg, issu de la maison royale de Danemarck. Celui-ci accepta l'héritage des enfans de Gustave IV, mais ce ne fut pas pour long-temps; il mourut frappé d'une balle qu'on crut n'être point partie des rangs ennemis. On accusa de cet acte les partisans du roi légitime, et la fureur de la nation se tourna contre l'infortuné comte de Fersen, le même qui avait favorisé de tout son pouvoir l'évasion de Louis XVI et de Marie-Antoinette, lors du funeste événement de Varenne. Le comte de Fersen, à ce titre, m'était cher; sa mort tragique (il fut lapidé par le peuple de Stockholm) me causa une vive douleur.

Le décès du prince Christian était une voie que la Providence ouvrait au duc de Sudermanie pour le rapprocher des enfans du roi son neveu; mais il persista dans sa conduite coupable. La surprise des têtes couronnées ne fut pas médiocre, lorsqu'elles apprirent le nouveau choix des états de Suède. Un simple particulier sans naissance, un général français, un de mes sujets enfin, fut appelé à ceindre un diadème, et ceci par l'élection libre et volontaire du peuple suédois.

Le maréchal Bernadotte, élevé à la dignité souveraine en sa qualité de prince royal, successeur de celui qui s'intitulait roi des Goths, des Vandales et de Suède, ne dut son titre qu'à son propre mérite ; j'ajouterai même que je le préfère à tous ceux qui pouvaient occuper le trône de Suède ; je lui reconnais un vrai courage, un grand caractère et des vertus dignes de la pourpre. Je voudrais pouvoir former des vœux pour lui, mais la reconnaissance et les lois de la légitimité ne me le permettent pas.

En apprenant la catastrophe qui précipitait Gustave IV dans une condition privée, je reçus la nouvelle des hostilités de l'Autriche contre Buonaparte, annoncée par l'entrée en Bavière de l'archiduc Charles. Ceci, qui eut lieu le 9 avril, dix jours après une bataille remportée par le général Oudinot à Pfaffenftresen, fut le prélude du succès de la campagne. Je ne la suivrai point dans toutes ses opérations ; la fortune s'y déclara constamment en faveur de Buonaparte, bien que les affaires décisives eussent moins d'éclat que celles des guerres précédentes. Je ne m'amusai pas à voir une fiche de consolation dans la résistance un peu plus opiniâtre des Autrichiens, ne m'occupant que des conséquences de cette guerre toute à l'avantage de Napoléon. Vienne le revit une seconde fois, la bataille de Wagram gagnée détermina l'empereur François II à demander de nouveau la paix. Il était à craindre qu'elle lui fût refusée, car le vainqueur avait annoncé, avant de quitter Paris, que la maison de Lorraine avait cessé de régner. L'inquiétude en Europe était extrême. On avait mandé à Londres que l'on savait de science certaine le projet de Buonaparte, qui consistait à rendre à la Bohême son indépendance sous le gouvernement de Lucien Buonaparte ; à diviser l'Autriche héréditaire en quatre duchés impériaux pour les maréchaux Masséna, Davoust, Soult et Bernadotte, et à ne laisser à la famille impériale que la Hongrie. Il est certain que si telle avait été la volonté de l'usurpateur de mon trône, elle aurait pu à cette époque recevoir son accomplissement. Ce plan entrait dans la politique de la Russie, qui était encore sous le charme de l'entrevue d'Erfurth ; la Prusse et les autres puissances étaient hors d'état de s'y opposer, et les efforts de l'Angleterre devaient désormais être infructueux relativement à toutes les affaires du continent.

Cette puissance eut peur comme moi de ce projet dont les conséquences eussent été incalculables, surtout si, pour le consolider, Buonaparte eût rétabli soudain le trône de Pologne. Mais Dieu en ordonna autrement : il fit naître dans le cœur d'un homme l'envie de préférer un mariage adultère avec une archiduchesse, à l'accomplissement d'un immense système. On a jusqu'ici trompé le public à ce sujet; tout ce qu'on lui a dit sur diverses alliances proposées à Buonaparte sont autant de déceptions. Je vais faire connaître la vérité tout entière : on doit m'accorder le droit d'être instruit à fond de toutes les particularités de cet étrange événement; les voici:

Buonaparte, enfant de la révolution, possédait au plus haut degré la manie des parvenus, celle de cacher leur sang plébéien sous le prestige de la noblesse ; lui, comme les financiers de l'ancien et du nouveau régime, comprenait l'avantage d'une belle alliance. Il n'avait point eu d'enfans de sa femme Joséphine ; et la mort de son neveu, fils du prétendu roi de Hollande, le détermina à se donner un héritier. Aussitôt ses regards se portèrent sur les princesses de l'Europe ; deux seulement lui parurent dignes de partager son lit, l'archiduchesse d'Autriche, et une grande-duchesse de Russie. Cette dernière lui aurait assez convenu, mais il ne tarda pas à apprendre qu'elle lui serait refusée. L'impératrice-mère, femme de Paul Ier, déclara qu'aucune considération humaine ne la ferait consentir à un semblable mariage. Elle avait un grand crédit à la cour de Saint-Pétersbourg, et l'empereur Alexandre, qui lui témoignait en tout un profond respect, fit répondre aux agens chargés de négocier cette alliance, que la main de la grande-duchesse sa sœur était la seule chose qu'il se voyait dans la dure nécessité de refuser à *son cher ami l'empereur des Français.*

Tout ceci se fit fort secrètement ; à peine s'il en transpira quelque chose hors du palais impérial de Russie. L'impératrice-mère, satisfaite d'avoir paré le coup, ne s'en targua pas, et Buonaparte se tourna aussitôt vers l'archiduchesse, objet d'ailleurs de sa préférence, parce qu'il trouvait la famille de Vienne de meilleure maison que celle de Pétersbourg. Un autre refus, mais sec et formel, eut lieu ici. La guerre éclata, non qu'elle provînt de cette cause, mais cette cause n'y était pas étrangère non plus. Buonaparte triompha; l'empereur d'Autriche fut battu de telle sorte que le désespoir s'empara de lui et de son conseil; on entama des négociations de paix. Voici la réponse textuelle de Buonaparte :

Ou la main de l'archiduchesse Marie-Louise, ou le seul royaume de Hongrie restera à l'Autriche; il est inutile de rien offrir qui ne repose pas sur cet *ultimatum*.

L'orgueil autrichien n'est pas une passion indomptable : il céda donc, et on ne discuta plus que sur les formules du mariage. Celui de Buonaparte, comme on le sait, s'était fait dans toutes les règles, et rien n'annonçait la possibilité de le rompre. Toutefois ce principe n'inquiéta pas l'homme qui, dans ce moment, envahissait, sans droit aucun, la souveraineté des états du pape. Buonaparte savait qu'il trouverait en France un sénat tout disposé à dissoudre son mariage civil, et des prêtres assez complaisans pour briser ce que Dieu avait lié; il ne fallait pour cela que gagner du temps. Cependant, pour se rassurer sur la bonne foi postérieure de l'Autriche, il voulut avoir une promesse écrite de la main de l'empereur, et signée par chaque membre majeur de la famille impériale, par laquelle on s'engageait à lui accorder l'archiduchesse Marie-Louise pour femme légitime, aussitôt que son mariage avec Joséphine Tascher de La Pagerie, veuve en première noce du vicomte Alexandre de Beauharnais, serait cassé.

Cet acte a existé, et tout me porte à croire qu'il existe encore. Le cabinet de Vienne demanda qu'on le lui rendît aussitôt après le mariage consommé ; mais Buonaparte s'y refusa positivement, en disant avec raison qu'on n'avait pas fait de cette demande une des conditions du traité de Vienne. Ce refus indisposa l'empereur ; il insista, et cette querelle pour un chiffon de papier durait encore au moment où la guerre éclata en 1813, entre le beau-père et le gendre.

On s'attendait donc à Londres à la ruine totale de la maison d'Autriche, lorsqu'on apprit le traité de Presbourg ; il renfermait des clauses dures, sans doute, mais moins rigoureuses que celles qu'on avait annoncées comme certaines ; voici quelles en étaient les principales dispositions :

La reconnaissance de tous les changemens effectués ou qui *pourraient* avoir lieu dans le royaume d'Espagne, de Portugal, et dans toute l'Italie ; l'accession au blocus continental ; une rupture entière et prolongée avec la Grande-Bretagne, tant que la guerre durerait entre la France et cette puissance; la cession en faveur de divers souverains de la confédération du Rhin, de Salzbourg, Bergtoffgaden avec une portion de la haute Autriche. La cession à Buonaparte, pour en disposer à sa volonté, de Gorée, Montefalcone, Trieste, le cercle de Willach en Carinthie, et de toutes les contrées sur la droite de la Saxe, jusqu'à la frontière de la Croatie turque ; elle cédait au grand-duché de Varsovie, toute la Gallicie occidentale, avec Cracovie, ainsi que le cercle de Lamœseck dans la Gallicie orientale; et à la Prusse un territoire renfermant une population de quatre cent mille âmes pris dans la partie la plus orientale de la Gallicie.

CHAPITRE XIII.

Conversation entre le prince de Galles et Louis XVIII, sur l'alliance de la maison de Lorraine avec Buonaparte. — L'expédition de Flessingue manque. — Habileté du duc d'Otrante. — Buonaparte en est jaloux. — Fouché veut se rapprocher du roi. — Il lui envoie M. C... de M... — Détails de l'audience accordée à cet agent. — Le roi consent à recevoir Fouché en grâce. — La maladie du comte d'Avaray augmente. — Il quitte le roi. — Sa mort. — Regrets du roi. — Pourquoi M. d'Avaray est remplacé par le comte de Blacas. — Caractère de ce dernier. — Mort de la reine femme de Louis XVIII. — Son éloge. — Honneurs qu'on lui rend. — L'émissaire de Fouché devient celui de Buonaparte. — Dernières propositions de celui-ci. — Réponse du roi.

Certes le traité de Vienne aurait pu être plus funeste à la maison de Lorraine; enfin elle ne cessait pas de régner, ainsi que Buonaparte l'en menaçait au commencement de la campagne. Il lui restait la presque totalité de ses états héréditaires, un royaume compacte, populeux et riche. On s'étonna de la modération du vainqueur; je fus le premier à en découvrir la cause, et je communiquai mes idées au régent, qui me répondit que cela était impossible, qu'un tel mariage déshonorerait l'Autriche.

— Ce n'est pas de vaine gloire qu'il s'agit, répliquai-je, mais d'avantages réels; pensez-vous que MM. de Lorraine, dont la parcimonie est connue, mettront en balance une archiduchesse et des royaumes? Non, de par Dieu; ils ne sont pas gens à faire une telle sottise, et je crois que, avant de renoncer au seul royaume de Bohême, ils céderaient toutes les archiduchesses venues et à venir, voire même les archiducs, si on tenait beaucoup à les obtenir.

— Je ne pense pas ainsi.

— Soyez cependant certain de ce que je vous dis.

Le prince de Galles, que j'appelle souvent le régent par anticipation, ayant reçu l'éveil, mit à Vienne du monde en campagne, et, malgré le mystère dont on enveloppait le futur mariage, il en eut pleine connaissance; aussi m'écrivit-il en ces termes dès que cette révélation eut été expédiée :

« Vous aviez raison, la Bohême et l'Atriche ont
« été mises à un plus haut prix que l'archiduchesse.
« Le Corse recevra dans son lit la fille des Césars,
« non sans qu'il s'y glisse une certaine tache de con-
« cubinage, car le premier mariage de l'homme
« était bien constaté. »

J'avoue que cette alliance, qui me vengeait si bien

de l'Autriche, me causa néanmoins un vif désespoir. J'y voyais la prolongation sans terme de l'usurpation impériale, et un puissant appui pour la postérité de Buonaparte ; car l'Autriche, qui s'était montrée si jalouse de maintenir les droits des enfans de Marie-Antoinette, ne serait pas moins celée sans doute pour ceux des petits-fils de François II. Je voyais là un autre dédale dont il ne me serait guère possible de sortir, puisqu'une puissance du premier ordre aurait dorénavant un intérêt direct à empêcher ma rentrée en France. Moi faible mortel, il ne m'était pas donné de prévoir que ce fait, si fatal en apparence, ne ferait que faciliter mon retour ; que la confiance qu'il inspirait à Buonaparte achèverait d'exalter son ambition, au point de le pousser dans des entreprises insensées qui détermineraient sa perte, et enfin qu'au moment marqué par la volonté divine, l'empereur d'Autriche, frappé d'aveuglement, serait le premier à reconnaître mon droit, et à abandonner son petit-fils !

Tout me manqua en 1809. J'avais la promesse du prince de Galles, que dans le cas où l'entreprise sur Anvers réussirait, il me serait permis d'aller dans la Vendée, et de relever sur cette terre sacrée la bannière de saint Louis et de Henri IV. On sait quelle fut la triste issue de cette tentative, comment Fouché parvint à défendre presque sans troupes de ligne l'intérieur de la France. Ce fut un immense service que Buonaparte ne lui pardonna pas. Au lieu de l'en récompenser, l'usurpateur n'y vit que la démonstration prouvée que sans lui on pouvait repousser l'ennemi.

Je tiens de Fouché que Buonaparte dissimula mal son dépit.

« Ma disgrâce, m'a raconté le ministre de la police, date du jour où je déployai une activité et, j'ose ajouter, une énergie peu commune. Il me revint que l'empereur se plaignait que j'eusse agi avant d'avoir reçu ses ordres, comme si les Anglais auraient attendu qu'il me les eût transmis. D'ailleurs j'agis en bon citoyen : Buonaparte me sut mauvais gré d'une conduite qui n'avait rien que d'honorable; j'appris par des amis que je devais veiller à ma sûreté, et c'est ce motif qui me rapprocha de votre personne, sire. Vous ne devez pas m'en vouloir si je ne vous suis pas venu plus tôt. »

Ce fut en effet au commencement de 1808 que je reçus les premières communications directes de Fouché. Je devais m'en méfier ; j'avais conçu du ministre de la police une idée fort désavantageuse, motivée sur sa conduite pendant la révolution. Outre son régicide, je connaissais tous les crimes qu'il avait commis, soit à Paris, soit dans le midi de la France. J'avais aussi trouvé en lui un rude adversaire depuis que la direction de la police consulaire et impériale lui était confiée ; j'exprimerais donc difficilement la surprise où me jeta la venue de son émissaire.

Je nommerais ce dernier si je ne savais que sa

famille serait peu envieuse de l'honneur de le compter au rang de ses membres, et cela parce que, depuis sa rentrée de l'émigration, il avait accepté des fonctions dans la police de Buonaparte. Je le désignerai donc seulement par deux initiales, celles de son prénom et de son nom, M. C... de M...; ceux qui savent le dessous des cartes le reconnaîtront facilement; les autres, je l'espère, chercheront en vain. Ce gentilhomme, car il est de bonne maison, parut devant moi fort embarrassé de son rôle précédent, et croyant toutefois s'en relever par le nouveau qu'il avait adopté. Il m'entretint long-temps de la situation de la France, de son accablement sous la main de ceux qui le comprimaient, et finit par me dire :

— On n'a pas encore su s'y prendre pour terminer la révolution.

Ce propos me mit de mauvaise humeur, et je répondis :

— Eh bien! monsieur, que faudrait-il faire pour cela?

— S'adresser aux hommes qui l'ont conduite, à ceux qui n'ont pu la repousser. Quelle ressource Votre Majesté trouvera-t-elle aujourd'hui dans ces hommes, qui depuis 1780 ne montrent que de la constance à supporter leurs revers de chaque heure ?

Je reconnus un fond de sagesse dans ce discours ; et poursuivant la conversation,

— Connaîtriez-vous, dis-je, des révolutionnaires qui aient quelque intérêt pour revenir à moi ?

— Sire, il ne peut être question ni d'argent ni de grâce pour ceux qui sont capables de vous préférer au despotisme ou à l'anarchie; ils vous reviendraient par lassitude, par pure conviction ; tout ce qu'ils demanderaient serait qu'on oubliât le passé, et que, vous élevant au-dessus des idées vulgaires, vous choisissiez les dépositaires de votre pouvoir parmi les plus *habiles* de vos sujets.

— Et vous auriez mission de quelques-uns de ces *messieurs* ? dis-je en appuyant sur ce mot.

— Oui, et d'un surtout dont Votre Majesté ne contestera pas la capacité : du duc d'Otrante.

— Fouché ! m'écriai-je ; vous me trompez, monsieur, d'une façon ou d'une autre.

— Je puis me tromper moi-même, et par là aider le roi à être induit en erreur ; mais je crois pouvoir certifier à Votre Majesté que le duc d'Otrante a le plus vif regret du passé et un extrême désir de le prouver par sa conduite à venir. Il voudrait convaincre Votre Majesté de son sincère repentir.

— Cela sera difficile. Espère-t-il me faire tomber dans quelque piége ?

M. C..... de M....., voyant ma juste défiance, essaya de la détruire en multipliant les preuves de la franchise de son directeur. Il me remit d'abord des papiers d'une haute importance, qui avaient anciennement appartenu à ma famille ; puis d'autres, plus récens, donnant des renseignemens fort utiles sur les projets futurs de Buonaparte ; enfin des actes saisis à mes agens, et des dénonciations originales, qui auraient pu compromettre ces dernières, si elles étaient parvenues jusqu'à l'usurpateur. C'étaient sans doute des gages très-précieux ; mais il était possible que le ministre et le maître jouassent au plus fin avec moi. Je me maintins donc dans une prudente réserve, et j'attendis la fin de cette étrange communication.

M. C... de M..., qui est plein de sagacité, devina ce qui se passait en moi ; alors il ajouta :

— Le duc d'Otrante ne demande rien à Votre Majesté, que la seule permission de correspondre avec elle par un intermédiaire, afin de lui apprendre exactement ce qui se passera dans le cabinet de l'empereur. Il prend l'engagement solennel de ne dicter au roi aucune démarche, et de ne le pousser à mettre en avant quelque personne que ce puisse être. Il lui suffira de savoir que le roi, s'il rentre, ou même s'il ne rentre pas en France, lui saura quelque gré des soins qu'il se sera donnés pour lui.

Certes, on ne pouvait mieux s'expliquer. J'assurai M. C... de M... que je réfléchirais à sa mission, et que je me consulterais sur la manière dont je devais en agir avec Fouché ; que, dans ce moment, je n'avais qu'à le remercier de la remise de ses documens, auxquels j'attachais un véritable prix. J'ajoutai quelques paroles bienveillantes pour l'adroit émissaire ; et après nous être entendus sur les moyens de me faire passer les communications annoncées par son chef, il prit congé de moi.

Je restai seul à réfléchir, et toujours mon esprit me ramena à la crainte d'une trahison. Cependant il était possible que Fouché eût le désir de s'assurer une existence tranquille, dans le cas peu probable de mon retour. Je me promis, après avoir examiné l'affaire sous toutes les faces, de tirer du pécheur tout ce que je croirais utile à ma cause, et de le voir venir en me tenant sur mes gardes.

J'ai maintenant la conviction que Fouché était réellement décidé à me servir, et que si je lui avais accordé plus de confiance, j'en aurais obtenu un meilleur parti bien avant la restauration. Il est certain que je reçus de lui, soit dans le peu de mois qu'il resta encore au ministère, soit après sa sortie, des communications plus ou moins directes du plus grand intérêt. C'est à cette conduite du duc d'Otrante que se rattacheront plus tard les intrigues qui me décidèrent à le choisir pour ministre de la police en 1815. Je sais que cela n'est pas une excuse; mais j'espère prouver jusqu'à l'évidence que ce choix qu'on m'a tant reproché s'est fait en quelque sorte contre ma volonté.

Je ne confiai cette affaire qu'à mon cher d'Avaray. Hélas! ce fidèle serviteur, que j'élevai à la dignité de duc environ à la même époque, ne reçut de moi qu'un titre pour orner son tombeau. La mort, jalouse du tendre attachement que me portait cet ancien ami, s'en revint à lui avec une nouvelle rage. La santé de d'Avaray, chancelante depuis le moment de notre départ de Paris, ne s'était jamais raffermie ; les chagrins, les fatigues et les travaux sans résultats achevèrent de détruire son existence que j'aurais voulu sauver aux dépens de la mienne. Déjà, à Varsovie, il avait eu un vomissement de sang fort effrayant. Après son voyage en Italie, où l'avait conduit sa santé, il vint me rejoindre en Pologne, se vantant d'être parfaitement rétabli. Je trouvai tant de douceur à le croire, que je m'abondonnai à cette flatteuse illusion.

En quittant la Russie pour me rendre en Angleterre, d'Avaray voulut encore me suivre. Notre traversée sur la Baltique lui fit un mal affreux. Le ciel humide et brumeux de la Grande-Bretagne lui fut également contraire. Chaque jour je le voyais dépérir sous mes yeux ; néanmoins il refusait de me quitter, en répondant à mes pressantes instances : « L'absence fait plus de mal que la maladie elle-même. » Cependant les médecins parlèrent impérieusement : ils lui ordonnèrent de se rendre à Madère, dont la température plus chaude et plus égale le rendrait à l'amitié. D'Avaray céda, il partit... Qu'on n'exige pas que j'achève ; nul ne peut ignorer que je l'ai perdu...

Ce digne serviteur, en me quittant, me conjura, *pendant le temps qu'il passerait loin de moi*, d'accorder toute la confiance dont je l'investissais au comte de Blacas, qui, ajouta-t-il, en était digne. Je pensais sur ce point comme d'Avaray. Le comte de Blacas me plaisait autant par ses manières que par la tournure de son esprit, et, en outre, j'étais certain de son dévouement. Il avait de l'instruction, possédait à fond les auteurs latins, et, par une sympathie particulière entre nous, Horace était l'objet de sa prédilection ; Horace, qui m'offre tout ce qui peut intéresser le cœur d'un homme délicat; le poëte qui réunit le mieux dans ses écrits ce qu'il recommande si bien en préceptes : *utile dulci* (l'utile à l'agréable).

Le comte de Blacas avait d'ailleurs tant de vénération pour d'Avaray, il manifestait une douleur si franche de sa perte, que mon cœur en fut touché. Il y avait déjà dix ans environ qu'il rôdait autour de moi. J'avais pu étudier son caractère, me convaincre de sa portée, et apprécier sa fidélité. J'entre dans cette explication, parce qu'elle me paraît nécessaire. On m'a tant reproché, depuis la restauration, mon amitié pour le comte de Blacas ; on m'a fait si souvent un crime de l'avoir investi de ma pleine confiance, que j'ai cru devoir prouver qu'il s'en est rendu digne : non que je veuille le montrer comme un génie supérieur et à la hauteur des circonstances, M. de Blacas, avec toutes ses qualités, a manqué, malheureusement pour moi, de la plus nécessaire, vu le temps et les hommes, de celle qui lui aurait fait envisager les choses sous leur véritable aspect. Il a mal jugé la révolution et les Français, et les a crus tous fanatiques de la royauté et de ma personne, comme il l'est lui-même ; et cette erreur a été la source de ses fautes.

Cette année 1810 devait m'être de toute façon défavorable. Elle commença par le mariage de Buonaparte ; elle vit d'Avaray me quitter pour ne plus me revenir, et elle se termina par un chagrin non moins grand, la mort de la reine ma femme, expirée à Goldfield-Hall, le 13 novembre 1810. Cette excellente princesse, à laquelle nos infortunes m'avaient doublement attaché, les avait supportées avec une magnanimité peu ordinaire : tranquille, lorsque les amis vulgaires s'abandonnaient à leur désespoir, jamais elle ne fit un de ces actes de faiblesse qui abaissent la dignité d'un prince. Jamais non plus elle ne me donna aucune peine d'intérieur, et elle se montra reine dans l'exil comme elle l'aurait été sur le trône. Sa gaieté douce me convenait ; son courage, que rien ne pouvait abattre, retrempait le mien ; en un mot, je puis dire de la reine ma femme ce que mon aïeul Louis XIV dit de la sienne lorsqu'il la perdit : Sa mort est le premier chagrin qu'elle m'ait donné. Notre union avait été plus calme que celles de mes deux frères ; aussi prétendait-on, dans la famille, que nous nous aimions moins, parce que nous n'étions jamais en querelle. Singulier argument pour prouver un tel fait !

La reine, âgée de cinquante-sept ans, eut non-seulement tous mes regrets, mais encore ceux de mes proches et de nos serviteurs. La famille royale me prodigua dans cette circonstance une foule d'attentions délicates et soutenues. Elle voulut que les restes de Sa Majesté fussent ensevelies à Londres avec tous les honneurs rendus aux reines de France dans la plénitude de leur puissance. C'est à Westminster que reposent ces chères dépouilles ; puisse la terre leur être légère ! Je suis convaincu que l'âme qui y logeait habite aujourd'hui les régions célestes, où elle prie, avec les bienheureux de notre famille, pour son époux et pour la France.

Vers ce même temps, je vis arriver M. C.... de M.... avec moins de mystère que les autres fois. Il se prosterna à mes genoux, puis il me dit :

— Sire, c'est la seule position convenable pour celui que la nécessité contraint à offenser Votre Majesté.

Surpris de ce début, je lui en demandai l'explication, qu'il me donna en ces termes :

— Le duc d'Otrante, afin de ne pas me rendre suspect à Buonaparte, dont les agens particuliers, en Angleterre, pourraient éveiller l'attention sur mon compte, m'a dépeint à lui avant sa disgrâce, comme étant chargé de surveiller secrètement les actes du ministère de S. M. Britannique. Il en est résulté que, malgré la chute du duc d'Otrante, on ne m'a pas rappelé; et le duc de Rovigo, au contraire, me témoigne une grande confiance. J'étais donc à mon poste, tout dévoué à Votre Majesté, lorsqu'il m'est advenu un ordre impérial de me rapprocher de vous, sire, pour vous présenter de nouvelles propositions de Buonaparte.

— Que me veut-il encore ? m'écriai-je avec impatience ; mon trône ne lui suffit-il pas ?

— La présence de Votre Majesté en Angleterre l'importune, me répondit M. C... de M... Les honneurs qu'on a rendus à la reine lui annoncent assez qu'on vous regarde comme roi titulaire de France. D'ailleurs, votre proximité du royaume l'inquiète d'autant plus qu'il est en droit d'espérer un héritier de l'impératrice.

Cette nouvelle, comme on le pense, me contraria, bien que je dusse m'y attendre ; mais je fis contre fortune bon cœur ; et M. C.... de M...., voyant que je me déridais un peu, ajouta qu'il avait reçu du cabinet particulier de Buonaparte l'intimation de me proposer une pension de douze cent mille francs, et une autre de la même somme à diviser entre les membres de ma famille, si je consentais à quitter l'Angleterre pour passer aux États-Unis. On payerait en outre mes dettes jusqu'à la concurrence de dix millions. J'écoutai jusqu'au bout le marché qu'un usurpateur proposait à son souverain, puis je répliquai :

— Je ne suis pas réduit à tendre la main à Buonaparte ; et si l'abandon de toutes les puissances me faisait descendre au dernier degré de l'infortune, j'aimerais mieux, comme Bélisaire, demander l'aumône, que de rien devoir à cet homme. Dieu aidant, je suis jusqu'ici demeuré roi de France avec quelque dignité, et il ne me convient pas de changer ce rôle contre celui de pensionnaire de Buonaparte. Voilà, monsieur, ce que vous pouvez lui répéter de ma part.

M. C.... de M.... se retira, et ce fut le dernier rapport qui exista entre moi et Buonaparte.

CHAPITRE XIV.

Abdication du prétendu roi de Hollande. — La noblesse française va vers Buonaparte. — La politique européenne est fatale aux neveux de Louis XVIII. — La régence d'Espagne, influencée par le cardinal de Bourbon, appelle le duc d'Orléans. — Les Anglais s'y opposent. — Offres de la régence à ce prince. — Le commandant de Sarragosse refuse de le recevoir. — Il se rend à Cadix. — On élude de le satisfaire. — Le cabinet de Londres intervient. — Le duc veut combattre Buonaparte à tout prix. — Les Cortès refusent l'honneur de sa visite. — Il est contraint de quitter Cadix. — Il revient à Palerme. — Folie du roi George. — Respect des Anglais pour leur roi.

Au demeurant, pendant la durée de l'an de grâce 1810, la position de Buonaparte était telle que tout lui paraissait permis, et peut-être qu'une personne sage aurait accusé mon refus de folie; car elle aurait pu me demander, avec raison, sur quoi je fondais l'espérance d'une amélioration à ma mauvaise fortune. Ma réponse eût été difficile en effet; tout semblait se réunir pour m'accabler. L'Espagne, qui soutenait contre l'usurpateur une lutte infatigable, n'en avait pas moins ses provinces envahies successivement. L'élévation du maréchal Bernadotte au trône de Suède offrait à Buonaparte un nouvel appui dans le nord, tandis que la Hollande revenait sous son sceptre direct par l'abdication de Louis, son frère.

Je sais que ce qui a le plus blessé Buonaparte, a été la démarche flétrissante pour son ambition du prétendu roi de Hollande. Cet acte de désespoir d'un homme qui brise son sceptre pour ne pas coopérer à la misère de ses sujets, et qui fait retomber l'odieux de cet acte sur celui qui l'y oblige, humilia singulièrement mon ennemi, sans néanmoins lui nuire. Il en retira au contraire un grand avantage. Jusque là, la Hollande, bien que gênée dans son commerce du dehors, par l'influence de Buonaparte, nous fournissait cependant des moyens de communication avec le continent. Ces communications furent arrêtées par l'abdication de Louis, parce que, aussitôt, Buonaparte s'empara de la Hollande au détriment du fils de son frère, brisant ainsi cette hérédité légitime qu'il tenait tant à fonder, et il ferma complètement ce royaume à l'Angleterre et à mes agens. Il ne nous resta plus que Hambourg, où nous trouvâmes toujours de grandes facilités dans la bonne volonté de Bourienne. Cet ancien ami de Buonaparte, et son résidant dans cette ville, avait compris l'avantage de se séparer de l'oppresseur de l'Europe. Il correspondait avec mes agens, et se conduisait de manière à mériter ma confiance. Je la lui aurais continuée, plus illimitée même, après ma rentrée en France, si ma conviction en sa capacité et son désintéressement eût été plus complète. Voilà pourquoi il n'a rempli qu'un rôle équivoque dans mon gouvernement.

L'année 1810 me fut donc défavorable; mon ennemi semblait être parvenu à l'apogée de sa puissance. Il avait détrôné le pape sans soulever l'Italie; il retenait captif le souverain pontife, et nulle part le clergé ne bougeait. Je n'avais plus rien à espérer de l'intérieur de la France, presque toute la noblesse se rattachant au nouveau système. J'avais vu les plus beaux noms de la monarchie solliciter l'honneur de s'avilir dans les antichambres du Corse qui tenait ma place aux Tuileries. La Vendée, désormais domptée, ne concevrait plus la possibilité d'un soulèvement. Les puissances continentales, ou réunies à Buonaparte par les liens du sang, ou craignant sa colère, n'osaient faire un mouvement. Je ne dissimulerai donc pas que dès ce moment je regardai ma cause comme perdue, à moins d'un miracle de la Providence. Involontairement, je comparais quelquefois mes neveux aux deux derniers rejetons de la famille des Stuarts, qui venait de s'éteindre dans le cardinal d'York. Hélas! me disais-je, notre famille aura eu, comme celle d'Angleterre, son roi-martyr, ses princes errant dans l'exil, la même destinée enfin, moins la restauration.

Oui, mon cœur était navré, mais il dévorait en secret son amertume : mon visage ne trahissait point mes angoisses intérieures ; et si je n'attendais plus rien des hommes, je me confiais toujours en la Providence : elle seule me soutenait et relevait mon courage. C'était à la bravoure que Buonaparte, Murat et Bernadotte devaient leur couronne, et une politique cruelle défendait à mes neveux d'obtenir par leur courage ce qui leur appartenait par droit de naissance. Je sollicitais vainement de tous côtés, toujours même réponse, toujours un refus accablant ; il semblait décidé que la maison de Bourbon finirait avec son épée dans le fourreau.

Cependant l'Espagne nous ouvrait un champ légitime pour obtenir cette gloire si ardemment désirée. Le siége de Sarragosse, où tout l'honneur avait été pour les vaincus, rappelait l'héroïque résistance de l'antique Sagonte. C'était dans la Péninsule que j'aurais voulu envoyer les ducs d'Angoulème et de Berry ; j'y tenais d'autant plus que le duc d'Orléans était enfin parvenu, par ses manœuvres, à se faire appeler dans ce royaume, où un parti s'était formé en sa faveur pour lui confier le commandement suprême des armées nationales.

La régence de Cadix, désirant donner aux opérations militaires un ensemble qu'elles n'avaient pas, et vivement sollicitée par les agens du duc d'Orléans, se détermina à choisir ce prince : on ne pouvait faire un choix plus désagréable à mon amour-propre, car les droits de mes neveux passaient avant les siens. Cet acte se fit sans mon consentement et sans celui de l'Angleterre. Une frégate partit de Cadix au mois de mai 1810, alla chercher à Palerme notre heureux cousin ; c'était une affaire concertée à l'avance entre lui et le cardinal de Bourbon, qui espérait se réserver l'administration intérieure, et laisser seulement au duc la conduite des armées.

On a prétendu que l'intention du cardinal était de gouverner d'accord avec le duc d'Orléans. J'aime à croire qu'il n'en était rien. Quoi qu'il en soit, le choix de la personne du duc d'Orléans, décidé en conseil à Cadix, se fit avec un mystère qui n'éclata qu'après le départ de la frégate. Cette nouvelle ne m'arriva par conséquent qu'un peu tard à Londres, et le prince régent m'en instruisit aussitôt. Je lui demandai ce que ferait le ministère anglais, s'il traiterait mieux le duc que mes deux neveux ; il me fit réponse que la mesure qui pesait sur eux serait commune au duc d'Orléans ; cela me satisfit, et je laissai à l'Angleterre le soin de défendre les intérêts de la branche aînée de ma famille.

La régence de Cadix offrait au duc d'Orléans les honneurs que l'Espagne rendait aux infans, et un commandement général dont le chef-lieu serait en Catalogne; la dépêche, d'ailleurs, n'indiquait pas précisément toute l'étendue d'autorité qu'on donnerait au prince; elle paraissait, au contraire, la borner à la seule Catalogne ; mais une autre lettre particulière annonçait de pleins pouvoirs qui seraient remis à Son

Altesse Sérénissime lors de son arrivée en Espagne.

Le duc d'Orléans, préparé à ces offres, n'hésita pas à les accepter. Il partit soudain de Sicile, non cette fois en la compagnie du prince Léopold, mais seul et décidé à se faire *un bon établissement* dans la Péninsule. Ce furent, m'a-t-on dit, ses propres expressions; il n'emmena avec lui, outre sa suite ordinaire, que le colonel Salluzzo qu'il demanda au roi de Naples, afin, prétendit-il, d'avoir près de lui un témoin de ses démarches.

Toutes ces choses réglées, le duc mit à la voile. Il aborda devant Tarragone, et fit dire aussitôt au commandant espagnol de venir prendre ses ordres. Le prince croyait avoir le droit d'en donner, en vertu de la lettre de la régence de Cadix; mais, depuis le départ de cette lettre, les choses avaient bien changé de face : des représentations faites à la régence, et puissamment appuyées, l'avaient mise dans tel embarras qu'elle s'était vue forcée de revenir sur ses décisions.

Le commandant de Tarragone, qui avait reçu des instructions particulières, répondit qu'il ressentait un vrai chagrin de ne pouvoir obéir à Son Altesse Sérénissime, mais que le gouvernement de Cadix ne lui ayant transmis aucun décret conforme à celui qu'on lui présentait, il ne se croyait pas autorisé à reconnaître pour chef suprême monseigneur le duc d'Orléans. Ceci désappointa cruellement le prince; une négociation eut lieu, dans laquelle il déploya une politique habile. Il s'attacha à changer les dispositions du commandant espagnol, mais celui-ci se montra déterminé à faire son devoir, et cela au point que, voyant le duc prolonger son séjour devant Tarragone, il finit par lui déclarer qu'il fallait partir sans délai. Le prince se vit forcé de se soumettre à cette fâcheuse injonction; le changement de volonté survenu dans la régence lui prescrivait de retourner à Palerme; mais lui, résolu à combattre les oppresseurs de sa famille, voulut aller à Cadix pour s'expliquer avec la régence, et solliciter d'elle de nouveaux pouvoirs.

C'était assurément une résolution louable, d'autant mieux qu'elle détruisait la solidarité qui jusque là avait paru exister entre ce prince et la révolution française. Bien que je visse avec déplaisir le duc d'Orléans plus favorisé que mes neveux, je ne pouvais néanmoins lui savoir mauvais gré de se ranger avec cette franchise sous la bannière des descendans de Philippe V.

Le prince, débarqué à Cadix, fut reçu avec solennité par la régence en audience publique. Mais tout se borna aux honneurs ostensibles qu'on lui rendit. Il ne put parvenir à parler d'affaires à qui que ce fût. Chaque membre du gouvernement était inaccessible pour lui. Une des qualités du duc d'Orléans est une grande constance dans ce qu'il entreprend; rien ne l'étonne ni ne l'effraie. Il ne se tint donc pas pour battu; et ayant beau jeu pour faire éclater son ardeur chevaleresque, il sollicita à droite et à gauche pour qu'on lui permît de dérouiller son épée. Il proposa des concessions que certes on n'aurait pas osé lui demander. C'était une habileté de sa part ; il savait que le plus difficile est d'abord de mettre le pied dans l'étrier : or, il est toujours temps de modifier l'exécution d'une promesse en politique.

Les choses en étaient à ce point, et il est possible que l'opiniâtreté du duc eût enfin vaincu les obstacles qu'on lui opposait. Mais le cabinet de Londres crut que le moment d'agir directement était venu. En conséquence, un capitaine de frégate anglaise, muni des instructions des ministres de Sa Majesté Britannique, et d'une lettre de ma main, arriva à Cadix, pria le prince de revenir en Angleterre, pour faire tomber les bruits que la malveillance répandait sur son compte.

Le duc, avec toute la grâce qui le distingue, évita de répondre par un refus formel ; néanmoins son discours ambigu annonça qu'il n'obtempérerait pas à la demande qui lui était faite. On avait prévu le cas de résistance, et l'envoyé anglais, conformément à ses instructions, se rendit près de la régence, et au nom de son gouvernement exigea qu'elle contraignît le prince à quitter Cadix, et à faire voile pour l'Angleterre. Le cardinal de Bourbon, dont l'intérêt caché se rattachait au duc d'Orléans, s'opposa à cette mesure de toute son influence. On répondit au capitaine anglais que la nation espagnole ne se déshonorerait pas par cet acte de voilence envers un prince dont tout le crime était de vouloir combattre prince dont tout le crime était de vouloir combattre contre l'usurpateur des deux couronnes de France et d'Espagne, mais cependant qu'on ne lui donnerait aucun commandement, afin de ne point mécontenter Sa Majesté Britannique.

Ces diverses négociations avaient pris du temps. Trois mois s'écoulèrent, et le duc d'Orléans continuait encore le cours de ses sollicitations. Enfin les Cortès ouvrirent leur session ; le prince, qui attendait un acquiescement à ses désirs, reçut tout-à-coup l'ordre de quitter l'Espagne. Ce fut pour lui un coup de foudre qui le frappait avant qu'il eût cueilli les lauriers qui mettent à l'abri du tonnerre. Voici comment la chose eut lieu :

Dès que l'assemblée fut régulièrement constituée, l'ambassadeur d'Angleterre vint déclarer que, sans prétendre violenter la volonté de la nation espagnole, il fallait qu'elle optât entre le concours de l'Angleterre, et les avantages que procurerait un commandement quelconque accordé au duc d'Orléans. Les Cortès, dans cette extrémité, n'hésitèrent point à congédier le prince. Celui-ci, au lieu de se soumettre sur-le-champ à la notification qui lui fut faite de se retirer, voulut tenter un dernier effort. Il se rendit aussitôt dans l'île de Léon, où les Cortès étaient assemblées, et demanda une audience. Sa demande fut éludée sous prétexte qu'on était en séance secrète, et on nomma une commission chargée de recevoir ce qu'il avait à communiquer. Le duc comprit enfin l'inutilité de sa persistance, et, le cœur brisé d'une noble douleur de ce qu'on l'empêchait de combattre contre la France rebelle, il se détermina à partir.

Sachant qu'il trouverait peu de sympathie en Angleterre, le duc retourna à Palerme rejoindre sa famille, augmentée de M. le duc de Chartres, qui était né en son absence. Ainsi se dénoua cette aventure chevaleresque sans que je parusse m'en mêler autrement que par mes conseils. J'aurais souhaité que le prince me témoignât plus de confiance, et qu'il ne se séparât pas autant du reste de sa maison.

J'ai voulu présenter dans son ensemble cet épisode de mes Mémoires, pour expliquer ma politique subséquente envers le duc d'Orléans.

Il est rare que le bonheur règne dans l'intérieur des familles royales : celle d'Angleterre reçut cette année le coup le plus rude qui pût l'atteindre dans la personne du malheureux George III, qui perdit complètement la raison. Depuis quelque temps la maladie de ce monarque faisait des progrès effrayans, sa vue s'affaiblissait de plus en plus. Cependant il continuait à faire chaque soir une promenade sur la terrasse de Windsor; deux personnes le conduisaient, et les princesses Augusta et Élisabeth lui donnaient ordinairement le bras, tandis que des musiciens placés à quelque distance jouaient des symphonies et des morceaux d'ensemble.

Le costume du roi consistait en une culotte, des bas et une veste blanche, un habit bleu à boutons d'or, sur lequel il portait l'étoile de l'ordre de la Jarretière ; un vaste chapeau, semblable à celui des quakers, orné d'une cocarde, d'un bouton et d'une ganse d'or, couvrait sa tête. Il saluait les musiciens en rentrant dans son appartement, et les remerciait du plaisir qu'ils lui avaient fait.

Après son déjeûner, le lundi excepté, le roi montait à cheval ; on tenait la bride sans qu'il s'en aperçut. On se flattait de la ramener par degrés à une guérison complète, lorsqu'un malheur affreux le replongea sans retour dans sa folie. Ce malheur fut la perte de la princesse Amélie, sa fille bien-aimée, qui expira dans le mois de novembre. Le dernier acte de sa tendresse filiale prouva que sa maladie, quelque cruelle qu'elle fût, ne pouvait altérer son aimable caractère ; car, en dépit des douleurs les plus aiguës, le plus grand désir qu'elle manifesta fut de donner encore une fois un témoignage d'affection à son père.

Elle voulut mettre au doigt du roi une bague faite d'après ses instructions, qui renfermait une boucle de ses cheveux entourée de brillans. Ce présent produisit un effet tout contraire à celui qu'en attendait la noble mourante. Il brisa tellement le cœur du monarque, que dès ce moment un profond désespoir s'empara de lui, et il n'en sortit que pour retomber dans la maladie mentale qui l'avait si fort affecté précédemment.

Cette maladie se manifesta par des marques prolongées de sa tendresse paternelle. Il passait quelquefois deux ou trois heures à faire aux médecins les questions les plus minutieuses sur l'état de la princesse. Trois semaines avant la mort de cette fille chérie, les médecins lui adressèrent un rapport dans lequel ils déclaraient qu'ils ne pouvaient répondre de sa vie, quoiqu'elle pût se prolonger encore quelques jours. Dès lors, la santé du roi déclina aussi rapidement, et le jeudi 25 octobre son état devint tel, que le chambellan de service crut devoir instruire M. Percival du changement survenu dans le langage et les habitudes de Sa Majesté. Le jour suivant, ce changement fut encore plus manifeste, et dès le 27, la maladie eut des symptômes si alarmans, qu'on tint un conseil où assista le lord chancelier, ainsi que le docteur Heberdon. On décida qu'on ne laisserait pénétrer dans l'appartement de l'auguste malade que les médecins et leur suite.

La situation déplorable du monarque l'empêchait de nommer des commissaires pour l'ouverture du parlement qui devait avoir lieu le 1er novembre. Comme il était constaté que Georges III ne pourrait plus s'occuper d'affaires, les ministres prirent les mesures nécessaires pour porter connaissance de cette circonstance malheureuse au grand parlement de la nation.

Mais les médecins ayant donné ensuite les plus flatteuses espérances sur la santé du roi, les ministres annoncèrent à la première réunion du parlement, qui eut lieu le 15 novembre, que Sa Majesté serait sous peu de temps en position de reprendre ses fonctions royales; le parlement fut en conséquence ajourné au 29 du mois, par déférence pour l'avis des médecins, et par respect pour le souverain.

C'était l'opinion de l'héritier présomptif, dont l'affection filiale ne se laissait pas entraîner par les partis. La nation en général approuvait aussi ces mesures délicates, bien que pendant la durée de cet ajournement l'état de Sa Majesté ne fit qu'empirer. Les médecins, consultés encore une fois, conseillèrent un dernier ajournement, qu'on prolongea jusqu'au 13 décembre. Cependant, à cette époque, on convint que la maladie du roi avait pris un caractère si violent, que sa vie paraissait en danger, ou du moins qu'il était menacé d'une aliénation incurable, dans le cas où il ne succomberait pas.

Je me complais à rapporter dans toute leur étendue, les formes respectueuses qu'on employa dans cette circonstance difficile envers la personne du monarque. Le parlement anglais y mit une réserve, une patience, dont tout autre peuple aurait été incapable. La chambre des communes tint également une conduite digne de louanges ; il n'y eut pas un mot de dit dont la famille royale pût s'offenser ; chaque expression témoigna au contraire l'amour qu'on portait au malheureux roi, et les regrets que causait sa triste situation.

CHAPITRE XV.

Détails sur l'installation du régent d'Angleterre. — Qualités du prince de Galles. — Son amitié pour Lonis XVIII. — Explication nécessaire. — Naissance du fils de Buonaparte. — Christophe roi d'Haïti. — Réponse sage à une innocente plaisanterie. — Réflexions d'un roi sur le bonheur du peuple. — 1811. — Espoir que donne cette année. — La Russie prête à se brouiller avec Buonaparte. — Les Français hors du Portugal. — Ferdinand VII demande en mariage une personne de la famille de Buonaparte. — Louis XVIII fixe son séjour en Angleterre. — Il loue, puis achète Hartwell. — Son établissement. — Détails de ménage. — Louis XVIII se remet à la politique. — Jackson Dowdell et Polly sa fille. — On veut empoisonner Louis XVIII. — L'hypocrisie après la fureur.

C'était pour l'Angleterre l'avènement d'un nouveau règne que cette régence évitée jusqu'alors avec tant de bonheur. La reine s'y était opposée, car, tant que le pouvoir ne passerait pas légalement dans les mains de son fils, il resterait à peu près dans les siennes. Je dis à peu près, parce que, dans ce pays, une femme qui ne règne pas de son propre droit, n'a point la plénitude de la puissance, l'oligarchie véritablement souveraine y mettant obstacle. La reine, donc, aurait souhaité qu'on pût se passer de la régence, le ministère l'aurait mieux aimé aussi, ne sachant pas si le prince de Galles le conserverait. Les deux partis qui se partageront éternellement les deux chambres, les Torys et les Whigs, préféraient également que les choses restassent dans l'état actuel. Les premiers craignaient les opinions libérales du prince; les seconds prétendaient que sa nouvelle dignité l'en ferait changer; mais toute considération personnelle céda toujours dans la Grande-Bretagne à l'avantage commun.

En conséquence, M. Percival, qui se trouvait à la tête du ministère, présenta et fit accepter un acte de régence en faveur du prince de Galles, dont toutes les dispositions étaient calquées sur celles que Pitt avait proposées dans une semblable occurrence en 1788 et 1789. Le prince de Galles accepta la régence avec les restrictions contenues dans l'acte du parlement, et considérant sans doute ses nouvelles fonctions comme étant plus fictives que réelles, il conserva le ministère, et refusa d'ouvrir le parlement en personne, acte dont on lui sut beaucoup de gré, ainsi que de sa déclaration pour empêcher qu'on lui composât une maison convenable à la dignité de son nouveau titre.

La cérémonie de la régence eut lieu le 5 février 1811 à Carlston-House avec une grande pompe. Le prince, en présence du conseil privé, y prêta le serment d'usage dans les termes suivans :

— Je promets solennellement et je jure d'être fidèle et de conserver l'allégeance que je dois à Sa Majesté le roi Georges.

Il jura ensuite d'exercer ses hautes fonctions conformément à l'acte passé en cette occasion, et d'administrer selon la loi et le pouvoir qui lui était conféré, de protéger l'honneur et la sûreté de Sa Majesté, et le bien-être de ses peuples. Puis Son Altesse Royale fit à haute et intelligible voix la déclaration contenue dans l'acte du parlement sous le règne de Charles II, intitulé : *Acte pour conserver d'une manière plus efficace la personne et le gouvernement du roi, en rendant les papistes incapables de siéger dans les deux chambres du parlement*. Le prince signa cette déclaration, et remit en même temps un certificat constatant qu'il avait reçu le sacrement de communion à la chapelle royale, peu de jours auparavant.

Je rapporte ces faits pour montrer l'importance politique et religieuse que les hommes d'État en Angleterre attachent aux formes du gouvernement. On aime d'ailleurs à examiner ces usages si différens des nôtres, et qui néanmoins se rapprochent de ceux de la monarchie féodale.

A part le chagrin que me causa l'infortune du roi Georges, je ne vis pas avec indifférence le pouvoir passer dans les mains de son fils aîné. Le prince régent, depuis ma sortie de France, m'avait manifesté un intérêt qui se changea bientôt en une amitié véritable, lorsque, rapprochés par les circonstances, nous pûmes nous apprécier réciproquement. Je savais que j'obtiendrais beaucoup plus de lui que de ses ministres. Il avait l'âme noble et généreuse, et les espérances que j'avais fondées sur son appui n'ont point été déçues. On m'a reproché, depuis ma rentrée en France, les expressions d'une lettre dans laquelle je déclarais franchement la part qu'il a prise à la restauration de mon trône. Je n'ai dit que la vérité, et je ne la désavoue pas aujourd'hui. Pourquoi ceux que ma franchise blesse n'ont-ils pas eux-mêmes mis fin à la tyrannie, et ne m'ont-ils pas rappelé sans que le concours des étrangers et du prince régent fût nécessaire?

Ce dernier, peu de temps après qu'il eut été investi de toute la puissance, me dit :

— Sire, j'espère maintenant accomplir l'œuvre de votre restauration ; vous remonterez sur le trône de vos pères, ou cela ne dépendra pas de moi...

J'aime à publier ce témoignage d'amitié qui mérita au prince toute ma reconnaissance. Certes, j'étais loin de croire qu'avant peu il serait en position de me tenir parole, lorsque chaque événement semblait m'éloigner de mon royaume, la naissance, par exemple, du fils de Buonaparte. Cet événement ne me fit pas verser de larmes, car je n'en ai jamais donné qu'à l'amitié et aux malheurs de ma famille : mais il contrista douloureusement mon cœur. Buonaparte, renaissant dans son fils, devenait la tige d'une maison désormais rivale de la mienne par la force des choses. Il me paraissait trop heureux, et j'osais demander à la Providence ce qui lui méritait une telle prospérité. L'avenir a répondu pour elle !

Si je n'eusse pas été aussi affecté de cet événement j'aurais ri de l'excellente parodie qu'un nègre de Saint-Domingue faisait de l'empire roturier de Buonaparte. Le 2 juin 1811, Christophe, sans plus marchander, se fit sacrer roi d'Haïti par un moine apostat, qu'il nomma archevêque ; puis, pour singer Buonaparte, il créa, lui aussi, une Légion-d'Honneur, une noblesse, des dignités et des titres. Il eut une cour avec de grands et de petits-officiers, des pages, des chambellans et des seigneurs, non moins fidèles que ceux qui de Versailles étaient passés aux Tuileries, à la suite de l'usurpateur.

La duchesse d'Angoulême, en apprenant cette nouvelle, me dit avec une sorte de gaieté :

— Mon oncle, tout le monde se fait roi.

— Oui, répondis-je sur le même ton, et si cette mode prend, nous ne trouverons plus de sujets.

Il est trop vrai que cette folie de royauté gagne toutes les têtes : il n'est personne qui n'aspire à la souveraine puissance ; chacun se croit en droit de l'obtenir par ses vertus ou son mérite ; autrefois on reconnaissait des supérieurs, maintenant on ne veut pas même d'égaux ; notre siècle se perdra par cette présomption qui entretient une effervescence perpétuelle dans les esprits. Comment un gouvernement peut-il exister là où chaque particulier veut être roi, où les principes républicains ne sont qu'un masque sous lequel se cachent les ambitieux pour mieux parvenir à leur but? Le talent d'un chef doit, aujourd'hui principalement, consister à ramener la nation à des idées plus saines, à lui prouver qu'elle sera toujours plus heureuse sous la domination d'un prince légitime que sous celle de dix grands hommes qui arriveraient par la violence au pouvoir, et pour se maintenir seraient contraints d'employer la tyrannie; car la bonne opinion de soi-même et des talens réels ne sont pas toujours un titre à l'obéissance des peuples. La tâche d'un souverain est difficile à remplir : Dieu veuille que mes héritiers se persuadent de cette vérité, et agissent de manière à assurer leur autorité, et surtout le bonheur de notre chère France!

Je dois ces réflexions, que je tiens pour sages, à Christophe, dit roi ou empereur d'Haïti. Ce misérable servait d'exemple vivant à ce que je viens d'avancer, par le despotisme qu'il faisait peser sur ses prétendus sujets. J'en trouve un autre dans les malheurs qui accablent l'Amérique espagnole, du Nord et du Sud, depuis qu'elle a voulu essayer de la république. Combien de fois le sang de ses habitans n'a-t-il pas coulé! en quel état piteux n'est pas tombé son commerce, son industrie, son agriculture! et quelle famille y est exempte de la persécution? Où sont la liberté, le bonheur que prétendent lui donner ces oppresseurs qui la désolent? Qu'a-t-elle obtenu davantage depuis qu'elle a secoué le gouvernement de son roi? je le demande à tout homme sage. Elle s'avance de convulsions en convulsions vers une fin prochaine ; et de tous les rois libéraux qui la convoitent, nul n'est capable de la rappeler à la santé et à la vie.

L'année 1811 sembla d'abord me menacer de perpétuer en France l'usurpation impériale. La naissance du jeune Buonaparte n'était pas faite pour me rassurer sur l'avenir ; mais je reconnus que l'empereur paraissait ignorer l'art de fonder une dynastie, au soin qu'il prenait d'augmenter le nombre de ses ennemis. Je le vis avec joie s'emparer, contre toute règle de prudence, des États du duc-souverain d'Oldembourg, beau-père de l'empereur de Russie. Cet acte criant d'injustice me parut l'un des premiers efforts qui tendraient à détruire l'union qui existait entre Buonaparte et Alexandre ; en effet, j'appris bientôt que la Russie n'observait plus avec la même exactitude le blocus continental, que les productions anglaises, d'abord repoussées en vertu du traité de Tilsitt, étaient maintenant admises dans les ports de la mer Blanche et dans ceux de la Baltique. Il était impossible que Buonaparte le souffrît, et cette mésintelligence devait nécessairement amener une rupture ouverte : mes prévisions ne furent pas trompées.

Je trouvai encore une autre consolation dans

l'abandon du Portugal par les Français. Lord Wellington commençait à se faire connaître ; il eut la la gloire de tenir en échec les meilleurs généraux de Buonaparte. La guerre se maintint donc dans la Péninsule avec des succès balancés ; l'important pour la cause des rois était que la révolution ne pût prendre pied en Espagne, et qu'il existât un peuple assez énergique pour prouver qu'il n'était pas impossible de lui résister. Les rois avaient grand besoin de cette leçon, car, s'il faut le dire, tous ceux du continent tombaient dans un étrange découragement. Simples préfets de Buonaparte, ils obéissaient à ses moindres fantaisies, le consultant d'avance avant d'agir, ou sollicitant son approbation, s'ils avaient oublié de le consulter.

J'appris avec une vive douleur la démarche de Ferdinand VII, qui, dans l'espoir d'améliorer sa malheureuse situation, consentit à demander en mariage une *demoiselle* du sang de Buonaparte. Il eut l'honneur, non pas d'un refus, mais de ne pas obtenir de réponse. Je gémis d'un acte que lui avaient sans doute arraché des conseils perfides. Il aurait dû sentir que l'homme qui l'avait détrôné ne pouvait en quelque sorte se justifier de ce crime qu'en le forçant à s'abaisser devant ses sujets et le reste de l'Europe.

Vers le commencement de 1811, je m'étais décidé à m'établir définitivement en Angleterre. L'amitié du prince-régent, l'assurance qu'il me donnait de ne jamais consentir, quoi qu'il pût advenir, à mon bannissement de la Grande-Bretagne, me déterminèrent à ce parti ; dès que je l'eus pris, je ne voulus pas abuser plus long-temps de l'hospitalité du marquis de Buckingham, autant par délicatesse que parce que je désirais être chez moi.

En conséquence, je mis mes gens en campagne ; ils s'accommodèrent, en mon nom, du château très modeste d'Hartwell, appartenant au baronnet sir Henri Shée. C'était une résidence conforme à ma médiocre fortune. Prince pauvre, je faisais tous mes efforts pour qu'on ne me qualifiât pas de pauvre prince ; mes revenus, déjà très bornés, avaient été considérablement diminués par la catastrophe du Portugal et de l'Espagne ; je ne recevais de subsides ni de l'Autriche ni de la Prusse ; mes seuls revenus provenaient de la Russie et de l'Angleterre; ils se composaient à peine de six cent mille francs. J'avais de fortes charges : je donnais cent mille francs au duc et à la duchesse d'Angoulème pour l'entretien de leur maison ; une pareille somme passait dans les mains du bon archevêque de Reims, grand-aumônier de France, lequel n'en gardait pas une obole pour lui, et les distribuait à la foule de nécessiteux dont un roi de France est entouré même dans l'exil. Je ne puis dire exactement tout ce que le comte de Blacas donnait à ces malheureux émigrés que je ne pouvais laisser mourir de faim. On doit croire que, cette portion ôtée de mon budget, il m'en restait une part bien mesquine ; mais je ne m'en plaignais pas, mon train de maison était modeste : quelques serviteurs dont les gages auraient humilié les domestiques des grands seigneurs de Buonaparte ; une voiture achetée de rencontre et deux chevaux de remise composaient toute la magnificence du successeur légitime de Louis XVI.

Goldfield-Hall était un lieu fort dispendieux par le seul fait de la magnificence de la maison et de la générosité du maître. Hartwell me fut plus écocomique. Je le louai d'abord douze mille francs par an (six cents livres sterling) ; puis, plus tard, j'en fis l'acquisition. J'eus alors, comme on dit vulgairement, pignon sur rue ; je devins propriétaire. J'avoue que j'en ressentis quelque vanité, et parfois je me surpris à dire en souriant : *Mon château, mon parc, ma ferme.* Malepeste ! j'étais aussi bien établi que le meilleur bourgeois de Londres, et n'eût été mon vieil usage du monde, je me serais peut-être laissé aller à l'orgueil si naturel aux parvenus. C'est que, comme eux, j'avais su combien le pain de l'aumône est amer au palais, et que, comme eux, je savourais les délices du *chez moi*. Enfin, je me pris d'une belle passion pour mon domaine ; je m'identifiais avec lui ; j'en parlais à quiconque venait me voir.

> Possédé du démon de la propriété,
> Je lui faisais tout voir, mon parc, mon avenue.
> Je ne lui faisais pas grâce d'une laitue.

Je puis certifier, par ma propre expérience, que

Gresset est, dans ces vers, d'un vérité effrayante pour les visiteurs. J'accommodai Hartwell à ma fantaisie. Je bouleversai l'intérieur, le jardin, et à chaque changement dont on me demandait le motif, je répondais par ces seuls mots : *Je règne*. Le royaume était petit, mais il était mien, et c'était beaucoup pour celui qui, depuis tant d'années, n'avait pu que reposer sa tête sur un lit accordé par la pitié.

Hartwell, dépendant du comté de Buckingham, était situé à seize lieues de Londres. Là je vivais sinon heureux, du moins tranquille. Mais qu'il est vrai le proverbe qui dit que l'appétit vient en mangeant ! A peine cette propriété fut-elle à moi, que je m'avisai de songer plus que jamais à mes beaux châteaux de France, et voilà que, commençant par en bâtir en Espagne, je me vis bientôt presque au moment de rentrer dans toutes mes possessions. Le temps s'écoulait, les événemens politiques prenaient un aspect différent. Le prince-régent, qui connaissait ma prudence, eut la galanterie de m'annoncer des espérances qui ne tardèrent pas à se changer en réalités ; celles de renouer sur le continent de nouvelles alliances dont le résultat serait de susciter des ennemis à Buonaparte, et de remettre en question ce qu'il croyait avoir décidé par tant de victoires, d'astuce et de tyrannie.

Mais avant de faire le récit des grands événemens politiques qui changèrent la face de l'Europe une seconde fois, je veux retracer quelques particularités de mon histoire individuelle. Le premier que je me rappelle fut une nouvelle tentative contre ma vie.

A mon arrivée à Hartwell, il y avait parmi les hommes attachés à l'exploitation de ce domaine un mauvais garnement nommé Dowdell. Ses brutalités avaient causé la mort de sa femme, on disait même qu'il l'avait étranglée. Ivrogne, joueur, fripon, rien ne lui manquait en fait de vices, et si on le supportait, c'était uniquement à cause de sa fille, ange que le ciel avait jeté sur la terre. Cette jeune personne, dont la beauté égalait les vertus, charmait tous ceux qui la voyaient. Son misérable père, outre ses défauts, avaient une haine invétérée pour tous les Français. Il la manifesta avec une férocité telle que nous résolûmes de le renvoyer. Mais comment se résoudre à chagriner sa céleste fille? personne ne s'en sentait le courage. On me consulta, et il fut convenu que Dowdell aurait sa retraite, et qu'on le logerait dans une maisonnette hors du château, mais dans mes dépendances. Là il devait recevoir ses gages jusqu'à ce qu'il eût trouvé à se placer ailleurs. Polly, sa fille. serait attachée plus spécialement à Madame duchesse d'Angoulême.

Dowdell accepta le bienfait; et se dispensa de la reconnaissance, ou plutôt, par une conséquence de son méchant naturel, sa rage contre nous augmentait en proportion de ce que nous faisions pour lui. Il se répandait en injures ; c'était un véritable forcené. Je savais que la police impériale ne me perdait jamais de vue. A peine étais-je installé quelque part, qu'elle venait aussitôt s'emparer des issues et me soumettre à une surveillance de toute minute. Pour lui échapper, il me fallait recourir à une foule de précautions. C'était donc entre elle et moi une guerre perpétuelle. Nous étions sans cesse assaillis des prétendus commis-voyageurs, d'émigrés français de contrebande, dont je devinais l'infâme mission à la première vue, et qui cependant se trouvaient en relations presque forcées avec les personnes de ma maison ; puis on employait des naturels du pays. En un mot, rien n'était omis pour procurer à Buonaparte la facilité de s'immiscer dans mon intérieur.

On doit croire que ces vils agens ne tardèrent pas à se rapprocher de Dowdell. Bientôt un changement notoire se manifesta dans les manières de ce misérable. Il cessa de vomir des injures contre moi, et ne parla plus de la France. Enfin, un beau matin, on vint m'annoncer que la grâce divine opérait sur Dowdell, et qu'il paraissait disposé à devenir honnête homme.

CHAPITRE XVI.

On croit Dowdell homme de bien. — Louis XVIII s'en méfie. — Sa fille sauve la vie du roi. — Comment elle en est récompensée. — Ce qu'est une cour même en exil. — Les évêques soumis et ceux qui ne le sont pas. — On veut que le roi se prononce. — Verte repartie qu'il adresse à ce sujet à frère Philippe. — Il veut être roi à sa fantaisie. — Le comte d'Entraigues. — Il est dans les intérêts de la Russie. — Il vend à l'Angleterre le traité secret de Tilsitt. — Son influence à Londres. — Il veut mener Louis XVIII. — Sa fin tragique. — Demi-explication à ce sujet. — La femme du comte d'Entraigues. — Scène plaisamment tragique qu'elle fait à Buonaparte. — Le comte de Puisaye. — Fauche-Borel en arbalète.

Peu de chose occupe, même chez les rois en exil, lorsqu'on vit dans le repos de la campagne. L'affection que tous les miens portaient à la sage et belle Polly les engagea à donner de l'importance au changement de conduite de son père, qui bientôt inspira une sorte d'intérêt. La duchesse d'Angoulême me parla de cet homme ; le grand-aumônier se tint aux aguets prêt à saisir à la volée une âme qu'on croyait vouloir rentrer dans le giron de l'Eglise romaine. Bref, Jacson Dowdell devint un personnage ; il n'était question que de lui. Jusque-là, on lui avait défendu d'approcher du château ; mais cette méfiance cessa soudain, et il lui fut permis de se mêler aux gens de la maison et de venir voir sa fille.

La connaissance que j'avais du cœur humain, un instinct secret, m'avertissaient de me tenir sur mes gardes. Ce retour si subit à la vertu chez un homme vicieux ne me parut pas naturel. Je communiquai au comte de Blacas mes réflexions sur Dowdell, et l'engageai à le surveiller avec soin ; le comte, que j'étais parvenu à inquiéter, me promit de diriger contre lui tous les moyens de faible police que nous possédions.

Plusieurs dignes Anglais d'un rang subalterne s'attachèrent aux pas du père de Polly. On le suivit dans deux voyages qu'il fit à Londres pour chercher, disait-il, de l'ouvrage, et on le vit entrer dans la même maison. Des renseignemens ayant été pris sous main, on apprit que cette maison était fréquentée par des hommes qui appartenaient à la police impériale. Les choses en étaient là, lorsque Polly entra un matin dans la chambre de la duchesse d'Angoulême qui venait de se lever. La jeune fille toute en larmes se jeta aux pieds de Son Altesse Royale, sans avoir la force de parler. Madame, avec la bonté qu'elle a toujours eue envers les personnes de son service particulier, l'engagea à se calmer et à lui confier la cause de son chagrin.

La pauvre enfant retrouvant enfin la parole, avoue à la princesse que son père, depuis plusieurs jours, la sollicite pour qu'elle l'aide à commettre un crime horrible. — Ah! madame, poursuit-elle, je n'ai pas osé complètement le refuser, dans la crainte qu'il s'adressât à un autre; mais hier, il m'a signifié qu'il fallait lui obéir, ou qu'il me tuerait. Il s'agit de jeter dans la théière qui sert à la famille royale une poudre qu'il me remettra aujourd'hui. J'ai passé une nuit affreuse, et dès que cela m'a été possible, je suis venue tout révéler à Votre Altesse Royale.

La duchesse d'Angoulême, avec toute la magnanimité de son caractère, ne s'occupa d'abord qu'à consoler Polly, puis elle vint dans mon cabinet m'instruire de ce qui se passait. J'étais entouré de personnes si empressées à me servir que la démarche de ma nièce causa une sorte de tumulte dans ma maison. On se plaignit qu'elle empiétait sur les droits de tel ou tel, on aurait voulu qu'elle mît un intermédiaire entre nous deux; en un mot, on se montra complètement déraisonnable. Ce fut sur Polly qu'éclata l'orage, on l'accusa de calomnier son *digne père;* mais je tranchai la difficulté en défendant à ce coquin de jamais remettre le pied à Hartwell.

Jusque-là, cette affaire avait marché convenablement, elle ne tarda pas à prendre une autre direction. Des personnes honorées de ma bienveillance me déclarèrent qu'elles ne répondaient pas de ma sûreté, si Polly n'était pas congédiée elle-même. A ce propos, je me fâchai, je demandai si on ne comptait pas la remplacer dans son service par son digne père. Eh bien, il en advint ce qu'il en adviendra toujours autour de nous; malgré ma volonté, malgré la protection de madame la duchesse d'Angoulême, il fallut mettre Polly à la porte pour conserver la paix dans la maison. Hélas! combien de personnages plus importans ont été congédiés ainsi par des rois! Polly nous quitta donc, mais pour être heureuse. Nous l'établîmes dans une auberge du voisinage, dont la propriété lui fut acquise; puis elle épousa un jeune homme de bien, qu'elle aimait depuis quelque temps.

Je mandai au prince-régent ce qui venait d'avoir lieu, et on me délivra de Dowdell en lui faisant une telle peur que de lui-même il consentit à passer dans les Indes orientales. Certainement ce péril est un de plus patens que nous ayons courus, car Polly méritait toute notre confiance, et si elle eût été aussi perverse qu'elle était vertueuse, nous eussions tous été empoisonnés. Souvent ma famille entière se réunissait à ma table, mon frère, mes neveux, ma nièce, et MM. de Condé, qui me rendaient des soins assidus. J'aurais pu me croire en France certains jours de gala, car nous avions aussi nos solennités dans la simplicité d'Hartwell.

J'y recevais l'élite de la colonie française, la haute noblesse et les députations du clergé. La majorité de l'épiscopat habitait l'Angleterre, mais il

n'offrait pas une grande union dans son infortune.
Le concordat de 1801 était venu jeter au milieu de
lui une pomme de discorde. Une partie de mes évêques avaient cru conforme à leurs devoirs évangéliques de donner la démission demandée par le
souverain pontife, sans que cela, disaient-ils, nuisît à la fidélité qu'ils m'avaient jurée. Les autres,
au contraire, s'étaient maintenus dans leur droit
épiscopal que la puissance du pape ne pouvait leur
enlever. Ceux-ci regardaient comme abusif l'acte
d'autorité de Pie VII, et tenaient pour intrus les
prélats nommés par Buonaparte, puis confirmés
par le Saint-Père. Cependant, parmi ces évêques
non soumis à l'autorité du pape, il en était qui,
malgré leur opposition, avaient investi les intrus
de lettres de vicariat-général.

Cette diversité d'opinion et de conduite ne pouvait avoir lieu sans altérer l'harmonie qui avait
existé pendant les dix premières années de l'émigration. Je m'étais trouvé alors dans une position
fort difficile; néanmoins j'avais cru faire mon devoir de roi en prévenant le corps épiscopal que je
m'opposais à tout acte d'obéissance de sa part à
la volonté du premier consul, titre que Buonaparte
prenait à cette époque. Les choses en restèrent là.
Certains évêques parmi ceux qui étaient soumis
au pape rentrèrent en France. Les autres continuèrent à résider en Angleterre, et lorsque j'y vins
tous se présentèrent devant moi. Je les reçus également bien; je m'étais fait une règle de conduite,

celle de ne jamais rejeter définitivement qui que ce fût; je sais que la majorité des royalistes me reproche cette conduite, mais je leur demanderai quels sont ceux que leur rigueur inflexible a ramenés à mon service; il serait, je crois, difficile d'en trouver un seul.

Le clergé opposé au concordat vit ma clémence envers le clergé résigné, avec chagrin; on m'en parla d'une manière qui me sembla peu convenable, je m'en expliquai vertement.

« Messieurs, dis-je, ceux qui me reconnaissent pour roi doivent être les premiers à respecter les volontés du roi. Ma conduite est celle de Henri IV, et, ventre-saint-gris, celui-là savait comment conquérir un royaume, et comment le conserver. Que serait-il devenu s'il n'eût fait bonne mine aux ligueurs? Les évêques soumis n'ont offensé que moi; si je leur pardonne, qui a le droit de s'en plaindre? qu'ils n'espèrent pas, dans le cas où la Providence me ramènerait en France, que je ferais la moue à tout le monde; je veux au contraire oublier le passé ma mémoire ne datera que du jour de ma rentrée à Paris. »

Hélas! paroles perdues. C'était une langue étrangère, même pour mes meilleurs amis. Les malheurs, l'expérience, ne leur ont rien appris; mais je dois les aimer comme ils sont, et tâcher de parer à leur folie.

Je fis donc bonne mine aux évêques démissionnaires, et ne traitai pas moins bien ceux qui m'étaient restés sincèrement attachés. Je me rendis médiateur entre les deux partis, et le passé fut oublié. Néanmoins je savais où devait s'arrêter mon indulgence, et en qui il fallait placer ma confiance. Dès mon arrivée en Angleterre, j'eus à me débarrasser le plus doucement possible d'un homme qui pendant nombre d'années avait en quelque sorte dirigé une partie de mon cabinet : je veux parler du comte d'Entraigues. Celui-ci encore était mordu du chien de l'universalité ; il tendait à me placer sous sa tutelle, et à devenir *omnis homo*. Il s'occupait à la fois de mes affaires, et du soin d'éloigner de moi les personnes que j'affectionnais ou qui m'étaient nécessaires. Je le surpris à calomnier, à tirer une fausse induction des actes les plus simples. Bref, depuis mon séjour à Vérone, j'avais appris à me méfier de lui.

Le comte d'Entraigues, d'une autre part, servait alors la Russie avec beaucoup de chaleur pour accroître sa propre importance auprès du cabinet de Saint-Pétersbourg. Il le tenait au courant de toutes mes démarches, de ma politique, et ceci ne pouvait me convenir. Arrêté lors de la chute de Venise, conduit à Milan, j'ai déjà raconté comment la peur lui fit trahir ce qu'il aurait dû cacher aux dépens de sa vie. Remis en liberté, il jura une haine mortelle à Buonaparte, en voici les motifs :

Le comte d'Entraigues, en écrivant sa fameuse

conversation avec Montgaillard, chose qu'il ne fit pas à Venise comme il le dit, mais bien à Milan, sous l'influence de Buonaparte, le comte d'Entraigues s'y détermina non-seulement par la frayeur, mais encore d'après la promesse que lui fit l'usurpateur de ne se servir qu'en secret de ce document ; il y manqua dès qu'il eut obtenu ce qu'il voulait, et d'Entraigues, dans son désespoir, nia ce qui était prouvé jusqu'à l'évidence. Je ne pus lui savoir mauvais gré d'avoir cherché à sauver sa vie ; mais dès lors je ne comptai plus sur son énergie. Il ne tarda pas à s'apercevoir de mon changement à son égard ; il essaya de me ramener, mais comme je voulais que mes agens fussent à moi seul, je refusai de le rétablir sur l'ancien pied. Il en éprouva un vif chagrin, et tourna toute sa fureur contre Buonaparte. Des pamphlets d'une extrême violence qu'il publia à Dresde attirèrent de nouveau sur lui l'attention de cet homme, qui demanda son arrestation à l'électeur de Saxe. Bien que celui-ci fût le très humble serviteur de celui-là, il ne put toutefois lui complaire en cette occurrence. Le comte d'Entraigues, ai-je dit, s'était fait naturaliser Russe, il était en outre attaché à la diplomatie de cet empire. Un acte arbitraire sur sa personne aurait donc eu de fâcheuses conséquences. L'électeur de Saxe se contenta de lui ordonner de sortir de Dresde sous vingt-quatre heures, et de l'électorat sous trois jours.

D'Entraigues alla aussitôt à Saint-Pétersbourg, où

on l'accueillit à bras ouverts. L'empereur Alexandre s'engoua de son mérite, le consulta en secret, et l'initia dans les plus profonds mystères de sa politique. Ce fut par ce canal que d'Entraigues obtint une pièce originale de la plus grande importance écrite de la main du czar. C'était le protocole des articles secrets du traité de Tilsitt. Alexandre crut pouvoir témoigner cette confiance à un homme que depuis plusieurs années il comblait de bienfaits ; il se trompa. Le comte d'Entraigues détestait à tel point Buonaparte, que, dans l'espérance de nuire à ses projets, il ne balança pas entre la trahison et ce qu'il devait à l'empereur de Russie. Il s'échappa furtivement, sur un vaisseau anglais, et, muni du document que je viens de désigner, il se rendit à Londres, où il le remit au ministère. Là, sa conduite fut dignement appréciée, on tint pour dévouement à la cause sacrée des monarques une démarche désavouée par la loyauté. On récompensa le délateur de ce qu'il perdait sans retour du côté de la Russie ; son esprit, sa connaissance approfondie de tous les cabinets de l'Europe, achevèrent de le rendre très recommandable, et, contre mon gré, car j'arrivai peu de temps après lui en Angleterre, le ministère de Londres et particulièrement M. Canning lui donnèrent la principale direction des affaires relatives à la France. J'eus ainsi en lui un agent forcé, qui avait perdu ma confiance, et dont le genre de travail ne me convenait point.

D'Entraigues, néanmoins, ne renonçait pas à

l'espoir de vaincre mon éloignement. Il essaya d'arriver jusqu'à moi, en se mettant bien avec les miens. Il lui fallut peu de temps pour être au mieux avec le prince de Condé et même avec Monsieur. Ce dernier déplorait souvent devant moi, de manière à m'impatienter, ma rigueur envers un si habile diplomate. Fatigué de m'entendre toujours chanter la même antienne :

— Frère Philippe, lui dis-je, savez-vous pourquoi je ne veux plus de votre merveilleux comte d'Entraigues ? c'est parce qu'il me convient d'être roi de France comme je l'entends, et que si je le laissais faire, je ne serais que son très humble sujet.

Ceci était exactement vrai : j'étais un moyen dont le comte d'Entraigues prétendait se servir pour arriver à un haute fortune. Il savait que moi seul je pouvais l'établir et le consolider, que, par exemple, elle ne lui viendrait jamais de Buonaparte. Dès lors, il me fut véritablement fidèle, et s'attacha à ma cause, mais à sa manière, en manœuvrant selon qu'il le jugeait convenable, il voulut me dicter mes amitiés, mes antipathies, mes démarches, en un mot agir en tout pour moi. Cela ne pouvait pas aller ainsi : je ne suis pas de ces rois qu'on mène à volonté ; mon rôle est de diriger les autres, et je le remplis dans toute sa rigueur. Cependant, quoi que je pusse faire, les intrigues de d'Entraigues enlacèrent si bien le ministère de Saint-James, que je ne pus me débarrasser de lui ; force fut donc à moi de lui abandonner la portion de mes affaires que le gouvernement anglais désira remettre en ses mains. Mais quant à ma confiance, il ne put jamais l'obtenir de nouveau.

Mal vu de moi, en grand crédit à Londres, il restât dans cette situation jusqu'au moment de l'affreuse catastrophe qui mit fin à ses jours. Je vais la raconter d'abord telle qu'on a prétendu qu'elle avait eu lieu.

« Le 22 juillet 1812, disent les papiers anglais, le comte d'Entraigues, qui habitait dans ce moment le village de Burnes, fut assassiné par un domestique italien, au moment où il allait monter en voiture pour se rendre à Londres. L'assassin était un nommé Lorenzo, que lui avait donné le général Dumouriez, et dont il faisait son factotum. Ce meurtre, qui fut suivi de celui de la femme du comte d'Entraigues, eut pour unique témoin son cocher, qui vit Lorenzo tirer un coup de pistolet sur son maître. L'ayant manqué, il le frappa avec un poignard indien, qu'il portait toujours sur lui. Le même cocher vit aussi le scélérat porter un coup à madame d'Entraigues, qui tomba baignée dans son sang à quelques pas de la voiture. Quant à son mari, il avait été porté dans la maison, et couché sur son lit; Lorenzo était étendu sans vie sur le plancher : on présume qu'il s'était tué lui-même d'un second coup de pistolet, dont le cocher avait entendu l'explosion avant de quitter son siège pour aller au secours de ses maîtres. »

Voilà tous les renseignemens qu'on put recueillir sur cet assassinat. Quel degré de confiance méritait ce seul témoin ? Pourquoi l'Italien avait-il tué son maître et sa maîtresse ? c'est ce qu'on n'a jamais pu découvrir. Fauche-Borel a prétendu que Lorenzo avait voulu se venger de ce qu'on l'avait réprimandé pour avoir manqué une sauce. Dans ce cas, les malheureux époux auraient payé bien cher leur délicatesse gastronomique. Mais la chose ne s'est point passée ainsi, d'Entraigues a succombé sous les coups d'une police infernale, qui ne lui pardonnait pas la révélation du traité de Tilsitt. On le croyait plus avant dans mes secrets, on pensait qu'il était d'intelligence avec l'empereur Alexandre, et lorsque la guerre fut déclarée entre ce souverain et la France, on se figura que d'Entraigues avait en son pouvoir des documens dont on profiterait.

Lorenzo gagné n'était pas le seul dont on se servit pour commettre ce crime, mais ce fut lui qui l'exécuta, et dès qu'il l'eut consommé, ses complices lui brûlèrent la cervelle afin de s'emparer de de la forte somme en billets de banque qu'il avait reçue. Le prince-régent connut à fond cette trame horrible, et s'il ne la dévoila pas, c'est que les preuves juridiques lui manquèrent. La comtesse partagea le sort de son mari, parce qu'on la soupçonnait d'avoir toujours sur elle une partie des papiers qu'on voulait se procurer. En effet, *on se les procura :* ils prouvèrent jusqu'à l'évidence que d'Entraigues servait plus d'une cause. Ces documens furent renvoyés au prince-régent, qui, après en avoir pris connaissance, pensa que le plus sage était de tout ensevelir dans l'oubli.

On s'étonnera de l'espèce de mystère que je mets dans mon récit : mais je suis lié par un engagement d'honneur pris envers le prince-régent. Il y avait en Angleterre une personne de haut rang dont le nom aurait été compromis si on avait porté cette affaire devant les tribunaux. On savait que le prince-régent méprisait ce personnage, et ses ennemis l'eussent accusé de vouloir le perdre s'il eût donné de la publicité à ce forfait. D'ailleurs, je le répète, les preuves manquaient, et il fallut tout abandonner. Je promis, de mon côté, de ne jamais lever le voile qui couvre la fin tragique du comte et de la comtesse d'Entraigues.

Je donnai quelques regrets à la mort de d'Entraigues, car, malgré ses fautes, il avait rendu de grands services à ma cause. Sa femme aussi avait joué un rôle important, mais sur un autre théâtre. Elle n'était rien autre que la fameuse Saint-Huberti, actrice célèbre, et surtout admirable cantatrice. D'abord maîtresse du comte d'Entraigues, il avait fini par l'épouser. Elle portait dans les relations sociales les formes passionnées de l'art dramatique. On sait que lors de l'arrestation de son mari à Milan elle jeta presque aux pieds de Buonaparte un jeune enfant qu'elle nourrissait, en lui disant d'un ton tragique :

— Monstre, dévore encore celui-là !

Buonaparte la regardant avec pitié, dit aux personne de sa suite :

— Cette femme est folle, qu'on la rassure, je ne mangerai ni son enfant ni son mari.

Le comte de Puisaye, autre personne dont je ne voulais plus, et non sans raison, s'était étroitement lié avec d'Entraigues depuis la venue de ce dernier en Angleterre. Ils formaient un *duumvirat* pour éloigner de ma personne tout homme de sens, d'esprit ou de talens; tous les deux étaient plus Anglais que Français; M. de Puisaye fit beaucoup de tort au comte d'Artois, et le compromit dans plus d'une occasion. En avançant dans ma carrière, j'acquiers de plus en plus la preuve qu'il ne voulut jamais servir franchement que la nation britannique. Elle l'en a récompensé par de belles possessions dans l'Amérique septentrionale. Je désire qu'il s'y tienne, ne voulant lui permettre en aucun temps d'approcher de ma cour.

Ces deux messieurs firent une rude guerre à Fauche-Borel, qui, au fond, valait mieux qu'eux. Ce dernier a peu de capacité, trop de présomption; mais du moins il n'a jamais fait passer les intérêts des autres avant les miens, c'est une justice que je me plais à lui rendre.

CHAPITRE XVII.

On veut quelquefois servir le roi malgré lui. — La fidélité des épaulettes. — Moreau. — Excursion politique. — Propos de Buonaparte. — Étendue de sa puissance. — Mémoire d'état du duc d'Otrante. — Le roi le communique au gouvernement anglais. — On l'envoie aux cours étrangères. Effet qu'il produira plus tard. — L'Angleterre travaille à une nouvelle coalition. — Paix entre la Russie et la Suède. — Traité nouveau de Buonaparte avec la Prusse et l'Autriche. — Le roi engage le czar à employer Moreau. — Récit circonstancié de cette négociation. — Le roi écrit à Moreau. — Gustave IV vient à Hartwell. — Son caractère. — Les rois l'ont maltraité.

Il ne manquait pas de gens qui voulaient se mêler de mes affaires. Depuis ma sortie de France, j'ai presque toujours eu à lutter contre les officieux. Il m'en venait de tous côtés, chacun avec un plan infaillible, pour me ramener dans le royaume de mes pères. Je remerciais poliment ces amis charitables, qui m'accusaient d'être la cause de mes infortunes, par mon opiniâtreté à ne pas les écouter. On eût dit, à les entendre, qu'ils me conduiraient à

Paris par la main, et que Buonaparte et son armée les laisseraient faire.

J'aurais volontiers haussé les épaules aux discours extravagans dont on m'étourdissait si souvent les oreilles. Cependant mon retour n'était pas chose impossible, ainsi que l'a prouvé l'avenir. J'avais, j'en conviens, de fausses idées sur certains points : par exemple, je croyais que l'attachement des militaires de haut grade pour Buonaparte était sans bornes ; que de lui à eux c'était à la vie et à la mort ; mais je me trompais complètement. La plupart de ces messieurs depuis la révolution, ne connaissent qu'une chose, c'est qu'à tout prix ils doivent conserver leur place. Il n'est presque pas un d'eux qui ne s'élance vite vite là où il entend souffler le vent de la faveur et de la puissance. Il est un fait constant, dont les registres de la guerre font foi, c'est qu'en 1814 partie des officiers en activité ou en retraite m'ont, non-seulement juré fidélité, mais encore m'ont fatigué de leurs protestations de zèle et de dévouement, et de louanges sur mon système de gouvernement.

Bien peu ont songé à se faire honneur d'une fidélité quelconque envers l'homme déchu, ou n'ont stipulé de ma part une seule garantie dans l'intérêt de la France, aucun enfin n'a donné sa démission. On a vu j'usqu'à Carnot, Foy, et Excelmans essayer de se rapprocher de moi pour en obtenir quelque chose. Mon cœur s'attrista d'une telle conduite, et force me fut de reconnaître que l'esprit chevaleresque avait disparu de l'armée.

Les cent-jours vinrent encore accroître cette pénible certitude. L'armée, à quelques exceptions près, me tourna le dos. Mais ce qu'on ne sait pas assez, c'est l'impudeur avec laquelle ces mêmes hommes se réunirent à moi une seconde fois. Je pourrais présenter une ou plusieurs lettres de chacun d'eux, pleines d'expressions de repentir, d'explications de leur conduite, et de demandes de rentrer en grâce.

J'étais donc, pendant mon exil, dans une erreur complète relativement aux généraux de Buonaparte: j'oubliais la facilité avec laquelle Moreau et Pichegru s'étaient laissé gagner à ma cause. Moreau, qui dès l'époque du Directoire était devenu mien, Moreau, qui aurait fait la contre-révolution s'il eût été certain de la réussite! Chassé de France par Buonaparte, son premier soin fut de m'écrire pour me conjurer d'avoir en lui la même confiance que je pouvais avoir en Pichegru. Il aurait voulu m'en donner des preuves; mais je n'avais plus d'armée, et les puissances alliées refusaient de l'employer, ainsi que Dumouriez et Pichegru, lesquels consentaient à combattre contre les Français, à condition que Buonaparte serait à leur tête.

Le moment approchait où les souverains reviendraient à des idées plus saines, où ils comprendraient la nécessité de se réunir franchement contre leur ennemi commun, sans aucune arrière-pensée d'intérêt personnel. C'est au commencement de 1812 que ce plan, dont j'avais le premier donné l'idée, fut adopté de tous les cabinets de l'Europe. Comme c'est lui qui décida la chute de Buonaparte, et me servit de marche-pied pour remonter sur mon trône légitme, il convient que je le présente dans son ensemble.

L'œuvre de la révolution française paraissait accomplie, un nouveau système en était découlé, celui de chasser les rois existans de leur trône, pour y placer des familles obscures. C'était une autre sorte de démagogie, une démocratie féodale aussi dangereuse que la démocratie populaire, et dont au fond les conséquences étaient les mêmes. Buonaparte avait dit, le jour de son couronnement : « Ma dynastie, avant dix ans, sera la plus ancienne de l'Europe. » Et cette fanfaronnade s'était réalisée en grande partie. La couronne de chaque roi bourbon lui avait été violemment arrachée ; d'autres souverains étaient également tombés, de nouvelles royautés avaient surgi.

Le Portugal, l'Espagne, la France, le Piémont, la Toscane, le patrimoine de Saint-Pierre, Naples, la Lombardie, Venise, tout le littoral de l'Adriatique, tout le centre et l'ouest de l'Allemagne, la Suisse, le Tyrol, la Bavière, la Saxe, Wurtenberg, la Westphalie, la Hollande et la Belgique avaient pris rang à cette révolution, la Suède elle-même n'en avait pas été garantie. Il ne restait donc que l'Autriche à l'est, le Danemarck, la Prusse plus qu'à moitié envahie, et la Russie au nord qui ne fussent pas régénérées à la façon de

Buonaparte. Or, tout faisait prévoir qu'on ne les laisserait pas tranquilles. L'envahissement du duché d'Oldembourg n'annonçait que trop au Danemarck le sort qui lui était réservé. La non-évacuation des places fortes de la Prusse, encore occupée par les Français, ne lui présageait pas un meilleur sort. La Russie et l'Autriche étaient pareillement menacées. Il fallait opter entre deux partis, celui de subir le joug d'un usurpateur avide et insolent, ou celui de se réunir en masse contre lui pour l'écraser ou tomber avec gloire.

J'ai promis de dire toute la vérité, et je vais prouver dans cette circonstance que je suis fidèle à cette promesse, en révélant un fait qui expliquera en partie un de mes actes les plus blâmés.

Vers la fin de 1811, je reçus du duc d'Otrante un mémoire politique aussi fort de conception que de logique. Ce véritable homme d'État y établissait le plan de Buonaparte, qui consistait à reconstruire l'empire de Charlemagne sur une échelle plus vaste, car il embrasserait l'Europe entière, c'était dans le but de réagir sur l'Asie, soit du côté de la Chine, soit du côté des Indes anglaises, en traversant la Perse et en occupant l'Asie mineure, la Palestine, l'Arabie et l'Egypte.

Ce plan en toute autre circonstance aurait paru le rêve d'un cerveau malade, tandis qu'il était une conséquence toute naturelle de ce qui se passait chaque jour. Le duc d'Otrante d'ailleurs, pour ne pas être accusé de chercher à m'inspirer de vaines terreurs, joignait à cette première partie de son mémoire des pièces de la plus grande importance. C'étaient des rapports transmis au gouvernement français par ses agens répandus sur les diverses contrées de l'Asie, sur les moyens de faire voyager des armées, sur le sondage des côtes et dans les défilés des montagnes. Des documens sur les peuples à soumettre, sur leurs ressources et leurs mœurs, des notes détaillées sur la puissance des Anglais dans l'Inde, sur leurs forces militaires, leurs places de sûreté, leurs revenus, et les dispositions des nations à leur égard. En un mot, rien n'était négligé pour faciliter une expédition gigantesque et aventureuse. Il restait prouvé de tout cela que Buonaparte se disposait à faire la guerre à la Grande-Bretagne, non plus en Europe, mais dans l'Inde.

La seconde partie du mémoire, plus remarquable encore, montrait l'usurpateur donnant aux esprits une nouvelle impulsion, détruisant les lois anciennes, les priviléges, les coutumes, et même la religion dans tous les États soumis à ses armes ou à son influence, et cela pour y établir son propre culte, son Code, et tout ce qui en France prêtait tant de vigueur à sa tyrannie.

Je connaissais l'habileté du duc d'Otrante, mais j'avoue que j'en eus encore une plus haute idée à la lecture de cette pièce. Je la méditai, puis l'envoyai au prince-régent après en avoir gardé une copie. Son Altesse Royale comprit, comme moi, toute la valeur de ce document. Il le communiqua au conseil de ses ministres, qui, après l'avoir examiné avec attention, décida qu'il fallait en tirer partie, et surtout cacher avec soin le nom de son auteur. On l'expédia aux cours de Danemarck, de Suède, de Prusse, de Russie et d'Autriche. La Suède, comptait parmi les puissances dont il importait d'avoir l'assentiment. Le nouveau prince royal, bien qu'allié à la famille Buonaparte, savait que le chef de cette dernière, loin de le voir avec plaisir sur le point de recueillir une couronne, cherchait déjà à l'évincer ; il en résultait que Buonaparte était devenu un des ennemis les plus acharnés de l'usurpateur. Ceux-ci ne pouvaient faire une acquisition plus précieuse, car il était aussi sage que courageux, aussi habile que prudent. En l'appelant dans la nouvelle coalition, on se procurerait un allié qui serait d'un grand poids dans la balance de la guerre, tandis qu'en le repoussant on le contraindrait à se ranger du côté de Buonaparte, dont il deviendrait le plus ferme appui. Ces considérations déterminèrent le cabinet de Londres à proposer à la Suède de faire partie de l'alliance qui se formait en ce moment. Le prince royal vit l'avantage qu'il en retirerait, et il décida le duc de Sudermanie, roi titulaire, à y entrer. Mais il déclara en même temps aux puissances que, pour obtenir la coopération de la Suède, il fallait qu'on lui rendît la Finlande, qui naguère lui avait été enlevée par la

Russie, ou que l'on consentît à laisser passer la Norwége sous sa domination.

Cette prétention fut long-temps discutée; enfin on accéda à la demande de la cour de Stockholm, et attendu que celle de saint-Pétersbourg se refusait à rendre la Finlande, il fut convenu qu'on faliciterait au prince Charles-Jean la conquête de la Norwége.

Les négociations continuèrent; la Russie, éclairée enfin sur les intentions de Buonaparte, prit la ferme résolution de ne plus se laisser tromper. Elle débuta par une alliance avec la Suède, alliance offensive et défensive, signée le 24 mars 1812, à laquelle l'Angleterre accéda successivement par des traités particuliers, d'abord avec la Suède, et ensuite avec la Russie. Mais déjà la guerre était engagée entre le czar et Buonaparte.

Celui-ci, de son côté, était trop intéressé à connaître la pensée secrète des divers cabinets, pour négliger d'avoir près d'eux des agens qui lui en dévoilaient les menées. Il sut dès le commencement de l'année ce qui se passait vers le nord, et, pour contrebalancer les dispositions de l'alliance projetée, il imagina de nouer une ligue non-seulement avec la confédération du Rhin sa très humble sujette, mais avec l'Autriche et la Prusse. Ces deux puissances, liées par un pacte secret avec la coalition, ne jugèrent pas à propos de le faire savoir à Buonaparte, et croyant qu'une ruse était permise envers leur ennemi naturel, elles s'engagèrent avec lui par un traité, la Prusse le 24 février, et l'Autriche le 14 mars.

Napoléon, ainsi appuyé, sentit redoubler son audace. Il ne pouvait croire que son beau-père l'abandonnerait au moment convenu. Mais il ne réfléchissait pas que lui-même avait imposé son mariage à l'empereur d'Autriche, et que d'ailleurs en politique les intérêts particuliers doivent céder à l'intérêt commun.

J'avais, de mon côté, cherché à susciter des embarras à Buonaparte. Dès que le prince-régent m'eut appris les dispositions de la Russie, je m'empressai d'écrire à l'empereur Alexandre pour lui proposer de donner le commandement supérieur de son armée au général Moreau, ou du moins à l'appeler pour en diriger les opérations. Le czar me répondit que s'il ne dépendait que de lui il consentirait à ma demande ; mais que la crainte de mécontenter ses officiers-généraux l'empêcherait toujours de placer à leur tête un chef français; que cependant il serait charmé d'avoir, près de sa personne, Moreau dont l'habileté ne pourrait que lui être utile dans cette guerre importante.

Aussitôt que j'eus reçus cette réponse, je mandai à Moreau de venir me rejoindre, sa présence m'étant nécessaire en Europe. Je ne m'expliquais pas davantage. Au lieu de se rendre à ma demande, le général m'écrivit pour me faire part de ses scrupules, et de la crainte de compromettre sa famille par cette démarche sans but. Je trouvai la cause de cette conduite dans l'ambiguïté de ma missive, Moreau me croyait sans doute trop dénué de ressources pour tenter par moi-même une entreprise quelconque. C'était de la prudence, et je ne m'en fâchai pas, car enfin pouvais-je exiger d'un général de république ce que je n'aurais pas obtenu des émigrés royalistes? Voyant qu'il fallait m'expliquer plus clairement, je communiquai à M. Moreau ce qui se passait, les projets de la nouvelle coalition, la part qu'il y prendrait, et j'ajoutai que le czar lui donnerait dans son cabinet la direction de la guerre.

Moreau se fit encore tirer l'oreille; il discuta sur les conditions de sa venue. Diriger en arrière les opérations militaires ne lui suffisait pas, il ne voulait rien moins que d'être nommé généralissime de la coalition. Je lui écrivis de nouveau pour lui faire comprendre qu'il ne dépendait pas de moi de lui accorder sa demande; j'essayai tout les moyens possibles de le convaincre en flattant à la fois son amour-propre et ses intérêts. Tout cela prit beaucoup de temps, l'inconstance des vents rendit encore plus difficiles les communications, et l'année 1812 s'écoula avant que Moreau eût pris une résolution.

Un autre à ma place ne l'eût plus sollicité, mais, suivant toujours ma même règle de conduite, je m'adjoignis un autre auxiliaire dans cette tâche difficile, je communiquai tout au prince-régent. Sentant l'avantage que la coalition retirerait de la présence de Moreau à l'armée, il en parla aussitôt au cabinet de Londres, qui fut de mon avis, et on décida que de nouvelles propositions seraient faites à Moreau, mais par l'intermédiaire direct de l'Angleterre et de la Russie. On traita d'abord avec l'empereur Alexandre qui écrivit à Moreau pour lui manifester le désir qu'il aurait à l'avoir près de lui, s'engageant à suivre aveuglément ses conseils, et à le placer de manière à lui faciliter les moyens d'acquérir de la gloire. On alla même jusqu'à lui promettre une souveraineté de cent mille âmes, soit en Belgique en cas de succès, soit dans la Courlande si les résultats de la guerre n'étaient pas favorables.

Je me joignis au czar. Voici une des phrases de la lettre que j'écrivis à Moreau : « Vous m'avez manifesté, général, le désir de détruire le despotisme de Buonaparte ; le moment de le faire est venu. Arrivez donc sans délai, car si vous tardiez on croirait que vous voulez seulement marcher à la suite du vainqueur. »

Un conseiller d'ambassade russe, M. Silverie, et le chargé d'affaires de l'Angleterre auprès des États-Unis, eurent mission de traiter directement avec Moreau. Leurs efforts, réunis aux miens, le décidèrent enfin, et le 21 juillet 1813 il quitta l'Amérique. Mais déjà de grands événemens avaient eu lieu. Sa présence devenait moins utile, car la Providence commençait à se déclarer contre Buonaparte, ainsi que le prouve la succession des désastres qui fondirent sur lui. Avant de les tracer à traits rapides, je dois mentionner la visite que je reçus d'un roi non moins malheureux que moi, de Gustave 1V, détrôné par son oncle, car nos adversaires les plus acharnés se trouvaient presque toujours dans nos familles royales.

Ce prince martyr de sa loyauté et de ses vertus chevaleresques, instruit par ses amis du traité qui se minutait entre la Suède et les puissances de l'Europe, vint en Angleterre dans l'espoir d'y faire ménager ses intérêts, ou du moins ceux de ses fils. Il se flattait de trouver à Londres de la sympathie pour ses hautes infortunes. On le plaignit en effet, mais on ne fit rien de plus. L'oligarchie anglaise est la plus positive du monde, celle qui donne le moins au sentiment; elle ne voit que l'intérêt de la Grande-Bretagne, et reste impassible pour tout ce qui lui est étranger. Gustave IV ne lui présentait que des droits légitimes sans réputation militaire; il ne pouvait donc l'emporter sur le prince Charles-Jean, regardé comme l'un des premiers capitaines de l'époque.

Quant à moi, je n'avais à offrir à Gustave IV que des consolations et mon exemple. Il vint me voir à Hartwell; nous passâmes environ trois semaines ensemble, qui furent employées à causer de la politique extérieure, de la nonchalance des autres souverains et de leur faiblesse. C'était une ample matière à nos réflexions. J'aurais souhaité que le roi de Suède jugeât mieux sa position, et qu'il cherchât à augmenter sa propre importance et le respect qui lui était dû à tant de titres, en se maintenant dans une prudente réserve dont la malignité ne pût profiter contre lui. Je le voyais un peu trop porté pour les démarches aventureuses. Mais c'est en vain que je m'efforçais de le ramener à des idées plus conformes à sa situation. Le ciel n'a pas donné à tous les hommes de savoir supporter l'infortune avec cette fermeté digne qui commande la vénération.

CHAPITRE XVIII.

Buonaparte veut se rapprocher de Gustave IV. — Propos de Charles-Jean. — La couronne brisée au front d'un roi, anecdote prophétique. — Gustave IV arrivé à Hartwell. — Préparatifs de Buonaparte contre la Russie. — Il est visité à Dresde par une foule de souverains. — Rapport philosophique et anecdotique d'un agent de Louis XVIII. — Paix entre le czar et le sultan. — Proclamation fatidique de Buonaparte. — Statistique de ses forces. — Le roi laisse dormir ses agens en France. — On se réveille à Bordeaux. — M. Bollac. — Il vient en Angleterre. — Détails de ses rapports avec le comte de Blacas.

Le roi de Suède me conta le fait suivant : « Aussitôt que Buonaparte, qui, s'il n'avait pas été le premier auteur de ma chute, avait du moins poussé mes rebelles sujets à cet acte criminel, aussitôt, dis-je, qu'il sut que Bernadotte avait été choisi pour remplacer le prince d'Augustembourg en qualité d'héritier présomptif de ma couronne usurpée, il m'envoya un de ses émissaires pour m'offrir ses bons offices. Il y mettait seulement pour condition que je m'engagerais à changer de système envers la France.

» Ma surprise fut extrême ; je ne pouvais m'expliquer cette conduite étrange de la part de mon ennemi. — Mais, dis-je, si je remonte sur le trône, qui lui garantira que je reviendrai sincèrement de mes premières préventions contre lui ?

— Votre parole, sire, me répondit-on ; votre parole, dont Sa Majesté l'empereur connaît la sincérité. D'ailleurs, quoi que vous puissiez faire contre ses intérêts, vous ne lui serez jamais aussi contraire que le concurrent mis à votre place. Sa Majesté l'empereur ne peut supporter l'idée que Charles-Jean règnera un jour en Suède, et il obligera la Russie et le Danemarck à le détrôner, si lui-même ne peut y parvenir.

» Ces paroles me dévoilèrent le but secret de Buonaparte en se rapprochant de moi. J'étais le moyen dont il voulait se servir pour perdre un homme qu'il n'aimait pas. Je répondis à l'émissaire qu'à aucun prix je ne consentirais à me lier avec l'usurpateur de la couronne de France ; que je détestais en lui le principe révolutionnaire, et que par conséquent je ne pouvais le reconnaître comme souverain. L'agent essaya encore de me ramener ; mais voyant que j'étais inébranlable, il me dit que si je refusais de recevoir le sceptre de Suède des mains de Buonaparte, celui-ci le rendrait à mon fils aîné lorsqu'il l'aurait arraché au prince Charles-Jean. Après cette communication, je n'eus plus qu'à rompre l'audience, et l'agent se retira peu satisfait de moi. De mon côté, je vis que Buonaparte était décidé à ne pas mieux traiter les siens, lorsqu'ils ne montraient point une obéissance passive à sa volonté, que les rois qui refusaient de ployer sous son joug. »

J'écoutai de roi de Suède avec attention, et je crus ne pas nuire à mes intérêts en faisant savoir au prince Charles-Jean les dispositions de Buonaparte à son égard. Dès ce moment, Bernadote devint son ennemi juré, et, pendant la durée de la coalition, toutes les démarches de Buonaparte pour l'en écarter furent employées en pure perte. Le prince Charles-Jean ne fit d'autre réponse que celle-ci :

— Il a voulu la guerre, et entre nous ce sera un combat à mort.

Gustave IV se plaisait à Hartwell; nous cherchions à lui en rendre le séjour agréable par tout ce qui pouvait le distraire de ses chagrins. Nous faisions des châteaux en Espagne, nous parlions de notre rentrée ; mais ici nous différions d'avis. Sa Majesté suédoise tenait à remettre toutes choses sur l'ancien pied. Je prétendais, au contraire, que la sagesse me commandait de faire la part aux idées du siècle, et de donner à la France plus de liberté positive qu'on ne lui en avait accordé jusque-là. Je méditais ma Charte, je la croyais propre à faire le bonheur de mes sujets, et tout me prouve que je ne me suis pas trompé.

Le roi de Suède, dans une de nos conversations

intimes, m'avoua que s'il avait cru à un présage, quelques jours avant la conjuration, il n'aurait pas été pris au dépourvu. Il se trouvait dans une salle de son appartement ornée de bustes de plusieurs rois ses prédécesseurs, et entre autres de celui de Gustave Vasa, le front ceint d'une couronne. Le roi regardait l'image de ce grand homme, lorsque tout-à-coup il vit les fleurons de son diadème tomber sur le plancher comme s'ils eussent été brisés à coups de marteau. Gustave IV crut même entendre le bruit du choc. Ce fait l'étonna d'abord, mais ensuite il pensa que la couronne avait été mutilée par la maladresse de quelque serviteur, et que, mal raccommodée, elle s'était détachée d'elle-même. Le lendemain, il parcourait, avec l'aîné de ses fils, un volume où étaient peints tous les monarques suédois, et ils s'aperçurent que le portrait de Gustave Vasa en avait été arraché. On le retrouva dans un coffre d'ébène noir, que la tradition disait avoir appartenu à ce prince, et qui ressemblait, par sa forme, à un tombeau. Tout cela, ajouta Gustave IV, annonçait clairement que l'antique race de la Suède touchait à sa fin. J'aurais dû peut-être y faire plus d'attention ; mais on méprise les présages, on veut faire preuve de force, et c'est ainsi qu'on repousse les avertissemens du ciel.

Gustave IV avait peut-être raison. Je suis peu crédule, et cependant moi aussi j'ai reçu tant de marques particulières de la protection divine, que je commence à croire qu'il est des pressentimens qui nous viennent d'en-haut. Le roi de Suède nous quitta pour passer sur le continent afin de se rapprocher de ses amis. Il alla d'abord en Danemark, à Hambourg, et ne craignit pas de se montrer dans les lieux occupés encore par les Français. Ce ne fut pas là qu'il reçut des insultes, les Prussiens s'en étaient réservé le privilége lorsqu'ils menacèrent, en 1810, de faire feu sur lui, s'il tentait de rentrer en Suède, ou d'aller rejoindre la flotte anglaise.

Gustave IV, pendant son séjour en Angleterre, s'attacha au prince de Condé, qu'il visita souvent. Je trouvai dans ce monarque une exaltation religieuse, une tendance au mysticisme dont les intrigans devaient profiter. J'aurais voulu pour que la réunion des rois détrônés fût complète voir avec nous à Hartwell, Charles IV d'Espagne, Ferdinand VII, le roi d'Étrurie, le Stathouder de Hollande, enfin tous les princes souverains renversés par le principe révolutionnaire. Nous aurions médité à notre aise sur l'instabilité des choses humaines, et peut-être aurais-je obtenu dans un moment d'effusion plus d'un *meâ culpâ* de la part de quelques-uns de mes compagnons d'infortune.

En effet, il ne faut pas toujours accuser la révolution des malheurs de l'Europe, mais un peu les rois qui l'ont laissé faire. Ils ont enfin songé à la museler... Oui, mais lorsqu'elle avait déjà mis ses griffes sur leurs royales couronnes.

Tandis que d'une part la coalition se formait en

secret contre la France, Buonaparte, de son côté, faisait tous ses efforts pour y metter obstacle. Certain cette fois que la Russie devenait son ennemie il n'attendit pas qu'elle l'attaquât, et retirant ses meilleures troupes de l'Espagne, il les dirigea à marches forcées vers la Pologne. Il convoqua également les divers contingens de la confédération du Rhin, et les trente mille hommes que le traité de Paris, conclu cette année entre lui et l'Autriche, obligeait cette puissance à lui fournir; Buonaparte comptait sur ce secours auxiliaire, et le prince de Schwartzenberg, qui le commandait, avait reçu du cabinet de Vienne l'ordre formel d'éviter de combattre les Russes, et, s'il fallait en venir aux mains, de ne point seconder franchement les Français.

Buonaparte croyait pouvoir compter aussi sur l'aide de la Turquie, en guerre avec la Russie. Mais il ignorait que la paix était sur le point d'être conclue entre ces deux puissances. L'or de l'Angleterre acheta le divan en masse, qui, par son avidité, perdit tous les avantages réels que lui aurait procurés une continuation d'hostilités.

Buonaparte voulant s'assurer de ses alliés, les rassembla à Dresde, où il arriva vers la fin de mai avec Marie-Louise. Là vinrent aussi l'empereur et l'impératrice d'Autriche, les rois de Prusse, de Saxe, de Westphalie, de Wurtemberg, les princes de la confédération du Rhin, et tous les membres de la famille de Buonaparte. On ignorait encore ce que la fortune préparait à ce dernier, et on enivrait d'hommages celui qu'elle comblait de ses faveurs. Un de mes agens, présent à ces brillantes réceptions, m'en écrivit en ces termes :

« Sire, les choses en sont ici au point qu'il n'y a
« plus de rois en Europe que parmi les monarques
« détrônés. Ceux qui prétendent représenter la ma-
« jesté royale achèvent de la perdre en la profanant
« aux pieds d'un soldat. Quant à lui, il fait le maî-
« tre à ravir : figurez-vous Auguste donnant des
« audiences aux princes alliés. C'est à qui cajolera
« *notre terrible empereur; messieurs de Lorraine*
« font comme les autres. Il faut qu'ils aient grande
« envie de le tromper, puisqu'ils consentent à des-
« cendre si bas.

« Le roi de Saxe a l'air d'un convié ; on lui fait,
« lorsqu'on s'en souvient, les honneurs de son pro-
« pre palais. Tout est renversé; c'est à ne plus s'y
« reconnaître. Hier j'ai surpris un archiduc d'Au-
« triche jouant à la porte avec je ne sais quel grand
« dignitaire de Buonaparte, et il ne passa le pre-
« mier que lorsqu'il m'aperçut, c'est une flatterie
« qu'on veut bien faire en tête à tête, mais dont
« on rougit devant témoin.

« Des princes d'Allemagne, il n'en est plus
« question. Le rang qu'ils occupent ici est un peu
« au-dessous de celui des sénateurs. J'ai ouï dire
« que les auditeurs au conseil d'Etat leur dispute-
« ront la préséance, nul ne doute que Buonaparte
« n'obtienne la victoire. On se demande déjà sur
« quelle tête française il placera la couronne de Po-

« logne. Le roi de Prusse est sombre, il ronge son
« frein. Quant au beau-père, il ne quitte pas son
« gendre, et ils sont ensemble sur le pied de la
« meilleure intelligence. Ah ! sire, vous êtes cruel-
« lement vengé !... »

Mon correspondant se trompait, il n'entrait pas dans mon cœur la plus légère satisfaction de l'abaissement de la maison de Lorraine. J'ai dit que les rois sont solidaires, et j'ajoute que l'un d'eux ne peut s'avilir sans que sa honte ne rejaillisse sur tous les autres.

Ce fut presque le même jour où Buonaparte arrivait à Dresde, que les préliminaires de la paix furent signés entre le czar et le sultan ; mais, par une ruse diplomatique de l'Angleterre, un profond secret présida à cet acte. Buonaparte ne l'apprit que deux mois et demi après le 13 août. Il avait été trop loin pour pouvoir rétrograder. Le czar, lassé d'avoir été le jouet de l'usurpateur, voulait reprendre son rang, tandis que Buonaparte, pour accomplir son système, avait besoin de refouler la Russie dans les plages du Nord. Ne pouvant plus dissimuler ses projets, ce fut lui qui déclara la guerre par une de ces proclamations qu'un élu de Dieu oserait à peine se permettre : je me plais à en rapporter quelques phrases :

« Soldats !

« La seconde guerre de la Pologne est commen-
« cée... La Russie a juré éternelle alliance à la France

« et guerre à l'Angleterre... Elle viole aujourd'hui
« ses sermens. *La Russie est entraînée par la fa-
« talité ; ses destinées doivent s'accomplir...* mar-
« chons en avant... portons la guerre sur son terri-
« toire. La seconde guerre de la Pologne sera glo-
« rieuse aux armes de la France...»

C'était par de telles bravades que Napoléon rompait lui-même la paix ; il avait raison, sa destinée ne devait pas tarder à s'accomplir.

Ce fut environ à cette époque que je dressai le tableau des peuples soumis au sceptre direct de Buonaparte ou des siens, et de ceux qui lui obéissaient indirectement. Les premiers, en y comprenant la France, qui s'étendait depuis la Baltique jusqu'aux portes de Naples, les provinces Illyriennes, l'Espagne, le Portugal et l'Italie s'élevaient au chiffre de soixante-neuf millions trois cent mille âmes. L'autre portion, qui comprenait la confédération du Rhin, à part le royaume de Westphalie, la Suisse, le grand-duché de Varsovie, montait à seize millions deux cent mille âmes. Somme totale des deux réunies : quatre-vingt-cinq millions cinq cent mille âmes. C'était donc à peu près la moitié de l'Europe, qui, selon les calculs les plus exactes, forme une population de cent quatre-vingt-deux millions d'habitans. Mais, comme de cette portion indépendante il fallait encore exclure les dix millions de la Turquie européenne, qui restait neutre dans la lutte prête à s'engager, il était positif que Buonaparte pouvait compter sur plus de la moitié du continent pour seconder son expédition de Russie ; il avait en outre pour allié le Danemarck, dont le chiffre était de trois millions cinquante mille, en y comprenant la Norwége, puis la Prusse peuplée à cette époque de cinq millions, et l'Autriche qui en comptait dix-neuf millions.

Il ne restait, pour résister à cette masse immense, que les trois populations réunies de la Russie, de la Suède et de l'Angleterre, qui n'en faisaient pas le tiers.

Mais la force numérique de Buonaparte était plus apparente que réelle : ses alliés ne l'étaient que de nom, les sujets de ses nouveaux États soumis à sa direction, ou à celle des membres de sa famille, attendaient avec impatience l'occasion de secouer leur joug. Le Portugal ne lui appartenait plus; son autorité sur l'Espagne était fort chancelante; il n'avait donc pour ressource réelle, en cas de revers, que la France, qui elle-même commençait à être lasse de tant de despotisme.

Mes relations avec l'intérieur, suspendues depuis sept ou huit ans, ou du moins faiblement entretenues, avaient depuis 1810, repris quelque peu d'activité. Le comité royaliste, composé de l'abbé de Montesquiou, son président perpétuel, du marquis de Clermont-Gallerande, de MM. Royer-Collard et Becquey, sans se dissoudre, avait cessé de se rassembler. C'eût été d'ailleurs inutile, l'ascendant de Buonaparte ayant tout entraîné, tout comprimé, j'avais été le premier à conseiller la prudence à mes agens, à les engager à suspendre des efforts qui ne pouvaient être couronnés de succès. Plusieurs de mes fidèles étaient passés franchement dans les rangs de l'usurpateur ; quelques autres, Dandré, par exemple, avaient feint de se rattacher à lui dans le seul but de surprendre ses secrets à mon avantage.

Cette inaction forcée me tourmentait, je me tenais aux aguets pour saisir la première occasion d'en sortir ; j'avais souvent des accès d'impatience, il me semblait cependant impossible que la Providence pût m'abandonner sans retour ; puis, d'un autre côté, je me décourageais en songeant à la puissance de Buonaparte. Je savais que si le feu sacré brûlait encore dans certaines villes de la France, c'était au fond de quelques nobles cœurs peu nombreux. Chaque comité de province se tenait en repos, la seule ville de Bordeaux renfermait un foyer d'amour moins tiède pour la légitimité. Les malheurs de son commerce lui rendaient plus chère la mémoire de ses rois qui l'avaient fait prospérer.

Les Bordelais auraient donc vivement souhaité voir rétablir l'ancien ordre de choses. Un conseil royaliste, pris parmi le commerce et la noblesse, travaillait activement dans ce but. Mais comme les communications avec mon cabinet étaient interrompues, ils voulurent les renouer afin de retremper leur fidélité énergique. Cette résolution prise, on se mit en mesure de l'exécuter. On nomma un député. Ce fut M. Jacques Rollac, négociant de la vieille roche, qui avait l'estime de ses concitoyens, et méritait à tous égards d'être l'objet d'un tel choix.

M. Rollac, sous prétexte d'aller aux Etats-Unis ouvrir des relations commerciales, trouva le moyen, en 1810, de passer en Angleterre. Dès son arrivée il essaya de se mettre en rapport avec ma maison. Il fut aidé dans ce dessein par le comte Alphonse de Durfort, l'un de mes plus dévoués serviteurs, lequel, après avoir causé avec le député bordelais, vint à Hartwell prévenir le comte de Blacas de l'ouverture favorable à ma cause qui venait de lui être faite. Blacas, car je dois l'honorer de là même familiarité que j'avais envers le cher et toujours regretté d'Avaray, me communiqua toute l'affaire en me demandant mes ordres. Je lui enjoignis de ne pas traiter légèrement un point de cette importance. Il vit donc M. Rollac, se fit expliquer par lui les dispositions des Bordelais, celles du peuple de tout le Midi; il apprit combien Buonaparte y était exécré, combien on y souhaitait mon retour; enfin il s'entretint des moyens de l'effectuer, puis il revint me retrouver fort satisfait de sa première conférence.

Plusieurs autres la suivirent ; M. Rollac proposa de recourir au ministère anglais, pour en obtenir des secours propres à faciliter une insurrection royaliste dans le Midi. Il demanda en outre l'autorisation de former à Bordeaux un comité central, dont le pouvoir et l'influence pussent s'étendre sur les pays circonvoisins. Il désigna pour stipuler au nom de la Vendée le marquis de La Rochejacquelein et la marquise Donissan, dont le dévouement pour ma cause était connu; il cita enfin plusieurs Bordelais dignes de toute ma confiance, et impatiens de me prouver leur fidélité.

Blacas me rendit compte de tout ce que lui avait communiqué M. Rollac. Ses espérances de succès me parurent mériter d'être prises en considération. Je les soumis à un conseil où j'appelai entre autres MM. de Malcor et de Guilhermy. Ils jugèrent comme moi qu'il serait possible de faire soulever la ville de Bordeaux par le concours d'une flotte anglaise qui forcerait l'entrée de la Gironde au moyen des intelligences que nous aurions sur les deux rives de ce fleuve.

CHAPITRE XIX.

Suite du précédent. — M. de Malcor. — Le baron de Guilherniy. — Le chapeau d'une tête énergique. — Le ministère anglais accueille M. de Rollac et élude de lui répondre. — Première faute de Buonaparte en Pologne. — L'archevêque de Malines. — Conquête de la Lithuanie. — Réponse de Buonaparte au comte Daru. — Il continue la campagne. — Le maréchal Davoust. — Murat. — Les premières négociations avec les Anglais. — Suite de la guerre. — Anecdote sur le czar et le prince Bernadotte. — Prise de Moscou. — Récit des désastres qui la suivent. — Louis XVIII écrit au czar en faveur des prisonniers français. — Le général Mallet. — Sa conspiration. — Colère de Buonaparte. — En quels termes il excuse le duc de Rovigo. — Menées perfides de la police impériale.

L'avis de mon conseil étant conforme au mien, j'autorisai M. de Rollac à se mettre en rapport avec le ministère anglais, qui seul pouvait nous faciliter le succès. Je fis recommander au député bordelais de ne rien conclure sans m'en donner connaissance, et de se refuser à toute stipulation qui compromettrait les intérêts de la France. Mais cette recommandation était inutile, la conduite de M. de Rollac ne tarda pas à m'en convaincre. Je ne voulus pas l'adresser directement aux ministres pour une affaire qui m'était personnelle, car j'avais pour moi l'expérience ; mais je lui donnai deux bons directeurs dans MM. de Malcor et de Guilhermy. Le premier, ancien conseiller au parlement de Toulouse, joignait à une instruction variée, un esprit fin et plein de vivacité. C'était en outre l'honneur et la probité en personne, et je me reposais entièrement sur sa prudence et son excellent jugement.

Le second, magistrat au siége présidial de Castelnaudary en Languedoc, membre de l'Assemblée constituante, et d'une très ancienne noblesse de sa province, possédait les vertus antiques dans toute leur pureté. C'était un de ces courages auxquels on peut appliquer l'*impavidum ferient ruinæ* d'Horace. Il en donna une preuve éclatante, le jour où le roi mon malheureux frère fut arrêté à Varenne, et ramené à Paris. La rage des révolutionnaires avait décidé que Louis XVI serait insulté à son retour dans la capitale. On avait affiché sur des placards, qu'il était défendu de se découvrir à son approchée, ou de lui donner aucune marque de respect. M. de Guilhermy, ne tenant nul compte de cette violence, ôta son chapeau, et lorsque les gens qui l'entouraient voulurent le forcer à le remettre, il le lança courageusement au milieu de la foule. On respecta cette énergie d'un homme de bien. Il signa les protestations des 12 et 19 septembre 1791, vint nous rejoindre, prit du service dans l'armée de Condé, et me suivit à Blanckembourg et à Mittau. Il n'a jamais cessé de me donner des marques de sa fidélité, et depuis mon retour j'ai cherché à lui en témoigner ma reconnaissance.

Certes M. Rollac ne pouvait se confier à des serviteurs plus dévoués. Ils lui tracèrent la route qu'il devait suivre, et le mirent en position d'arriver à M. Arbuthnot, sous-secrétaire État au département de la Trésorerie. Le ministère anglais avait été si souvent trompé par de prétendus émissaires de la France, qu'il se tenait sur ses gardes, et n'accueillait qu'avec difficulté ceux qui se présentaient. Cependant M. Rollac, qui ne ressemblait point à ces intrigans, ne tarda pas à inspirer de la confiance à M. Arbuthnot. Il l'écouta avec attention, et jugea ses communications assez importantes pour être présentées à M. Parcival, alors chef du ministère.

M. Rollac, conduit devant ce dernier, lui répéta ce qu'il avait dit au sous-secrétaire de la Trésorerie. Il prouva si victorieusement la possibilité d'insurger la Guienne, que M. Parcival crut la chose assez avantageuse à son gouvernement pour ne pas le repousser. En conséquence, il répondit à l'envoyé royaliste, qu'il était prêt à lui donner pleine satisfaction, mais qu'il croyait devoir auparavant demander l'avis direct de la personne auguste qui *se prétendait roi de France*. Je répète ses propres expressions.

Le comte depuis duc de La Châtre remplissait

alors à Londres les fonctions de mon ministre plénipotentiaire auprès du cabinet anglais. Ce fut par son intermédiaire que le ministère voulut avoir la connaissance officielle de ce que M. Rollac lui avait rapporté confidentiellement. En conséquence, Blacas présenta au comte de La Châtre le digne négociant bordelais, et le lui recommanda en mon nom.

On aurait pu croire qu'une affaire de cette importance serait conduite rapidement ; mais des obstacles survinrent, d'abord la maladie du roi George III, qui mit tout en suspens, le ministère ne voulant pas poursuivre ou entamer une négociation extérieure avant que la régence fût entièrement établie. D'ailleurs la paix régnait alors en Europe, l'Autriche venait d'être vaincue, de donner une archiduchesse à Buonaparte, et la Russie écrasée ne pouvait remuer. On laissa donc tomber pendant quelques mois les propositions de M. Rollac ; et on ne lui répondit que vers le commencement de 1811.

C'est à cette époque qu'on vit s'élever des apparences de mésintelligence entre la Russie et la France, et si la guerre s'ensuivait, tout faisait présumer qu'elle deviendrait européenne, dans le cas où la victoire se déclarerait contre la cause de la révolution. On crut donc alors ne pas s'engager beaucoup en prévenant M. Rollac que le cabinet britannique avait l'intention d'aider de tous ses moyens les royalistes de Bordeaux, si leurs efforts coïncidaient avec une levée de boucliers étrangers.

Les choses en restèrent là pendant les années 1811

et 1812, bien que la guerre prévue eût lieu et que l'élite des troupes de l'usurpateur fût éloignée de la France. Mais la frayeur était encore trop grande dans ce royaume pour que mes partisans pussent ramener à eux la multitude. La nécessité les força donc d'attendre un moment plus heureux. D'ailleurs tous les regards se portaient vers la Pologne et la Ruesie, où se décidait le sort du monde. On pensait que le premier acte de Buonaparte, en arrivant à Varsovie, serait de proclamer par un décret le rétablissement du royaume de Pologne. Il n'en fut rien ; le conquérant heureux n'était point habile politique, son œil manquait de portée, son jugement de prévision. Il hésita dans cette grande mesure, la seule qui lui eût procuré des alliés fidèles et énergiques ; il craignit de mécontenter à la fois l'Autriche, la Saxe, la Prusse, et même la Russie, qu'il ne voulait pas pousser au désespoir, tout en venant l'attaquer. Il fut d'ailleurs maintenu dans cette faute par *monseigneur* de Pradt, archevêque titulaire de Malines, qui se qualifiait d'aumônier du *dieu Mars*, lequel dieu Mars, comme on sait, l'avait nommé son ambassadeur auprès de la régence de Varsovie. Monsieur l'aumônier, dès son installation, se mit en besogne, et pêcha dans l'eau trouble, en dirigeant le gouvernement, l'administration de guerre, et même la marine, quoiqu'il n'y en eût pas l'ombre. De quoi ne se serait-il pas mêlé ? *de omnibus rebus et quibusdam aliis* serait une excellente devise dans ses armes. Ce rôle de factotum politique lui paraissait plus agréable que celui de remplir à Malines ses fonctions épiscopales. Aussi, afin de le prolonger, il employa mille moyens pour empêcher Buonaparte de rétablir le royaume de Pologne, car, dans ce cas, il n'aurait plus été le directeur suprême.

Buonaparte donc, au lieu de répondre à l'attente des Polonais, les paya de paroles équivoques, et alla se mettre à la tête de son armée le 24 juin. Il commandait à quatre cent cinquante mille hommes, dont deux cent soixante-dix mille Français. Les Russes, non compris deux réserves très fortes qui se formaient en arrière, opposèrent à l'agresseur trois cent soixante mille combattans.

Le 28, les Français entrèrent à Wilna, capitale de la Lithuanie, sans éprouver de résistance réelle. L'empereur Alexandre voulait laisser engager plus loin son ennemi. En attendant, il traitait avec la régence de Cadix, et définitivement avec l'Angleterre, quoique, depuis le commencement de l'année, tous les articles de leur alliance eussent été réglés. La précaution du czar était prudente, car il avait à combattre un redoutable adversaire, la Lithuanie conquise devenait un glorieux trophée, et on aurait pu se borner à sa seule possession, du moins pour cette campagne. J'ai su depuis que telle avait été l'opinion des meilleurs conseillers de Buonaparte, et je tiens de Berthier qu'ayant dit que c'était bien assez de besogne pour une année, Buonaparte avait répondu :

— Mais nous ne sommes qu'au mois d'avril, que fera-t-on jusqu'au printemps?

— Ce ne seront que quelques mois de perdus, répliqua le comte.

— Comte Daru, reprit Buonaparte, les mois sont pour moi des années, et les années des siècles. Le temps est trop précieux pour le perdre, ma carrière sera à peine assez longue pour l'accomplissement de tous mes projets. Nous allons donc marcher en avant, et si les quartiers d'hiver sont d'une nécessité absolue, on les prendra à Moscou aussi bien qu'ici. Et là, si l'empereur Alexandre me refuse la paix, j'irai la lui demander à Saint-Pétersbourg. Il faut que la Russie soit humiliée, de manière à s'en souvenir long-temps.

Tels étaient les plans de cet homme extraordinaire. Gâté jusque-là par la fortune, il ne se croyait rien d'impossible. Il persista donc à poursuivre son entreprise en dépit des sages avis de ses conseillers, se flattant même de déranger en sa faveur l'ordre de la nature et des saisons.

Parmi ceux qui au contraire engageaient Buonaparte à marcher sur Moscou, le maréchal prince d'Eckmül doit être mis au premier rang, ainsi que Murat, prétendu roi de Naples. Ce dernier, par cette conduite, espérait calmer la méfiance de Buonaparte, élevée contre lui au sujet de certaines négociations secrètes qui, sans avoir eu de suite, s'étaient ouvertes entre Murat et les Anglais. Le cabinet de Londres, par l'intermédiaire du prince

Charles-Jean, avait cherché à gagner Murat, en lui promettant de le maintenir sur son trône, s'il se rangeait du côté des alliés, et que la victoire les favorisât.

Murat, bien que mécontent de Buonaparte, qui ne lui avait pas donné l'Espagne, ne voulait cependant point encore rompre ouvertement avec lui. Il refusa donc, mais avec mollesse, et dès ce moment ferma les yeux sur le commerce secret qui se faisait entre Naples et l'Angleterre ; mais il n'y mit pas assez de prudence pour que Buonaparte n'en fût informé. On doit juger de sa colère : une explication véhémente eut lieu, Murat nia tout et ne put être convaincu de mensonge ; néanmoins, il en resta dans l'esprit de Buonaparte une méfiance qui prit de profondes racines.

Murat donc, pour ramener son beau-frère, flattait toutes ses fantaisies, et voilà pourquoi, avec le seul Davoust, il approuva la continuation de la campagne. Un beau fait d'armes, la prise de Smolensk, place forte et boulevard de la Russie du côté de la Pologne, maintint la multitude dans la croyance que Napoléon se tirerait avec gloire de cette entreprise téméraire. Le général russe, Barklay de Tolly mit le feu à la ville, et se retrancha plus avant dans l'intérieur des terres.

Ce succès fut suivi d'un autre non moins avantageux. Le général Gouvion-Saint-Cyr, l'un des meilleurs officiers de l'époque, battit complètement à Polotsk, le général Wittgeinstein, dont les forces étaient beaucoup plus considérables que les siennes. Cette victoire lui valut la dignité de maréchal, et m'enleva la satisfaction que j'aurais eue plus tard à la lui accorder.

Tandis que ces événemens se passaient, l'empereur Alexandre et le prince Charles-Jean se réunissaient dans la ville d'Abo. Le dernier montra dans cette circonstance tant de grandeur d'âme et de générosité, qu'il s'acquit sans retour l'amitié du czar à tel point que lorsqu'en 1814 il fut question de la Suède dans le congrès de Vienne, ce monarque déclara qu'il regardait l'affaire comme terminée, son intention étant, ajouta-t-il, de soutenir envers et contre tous les droits du prince Charles-Jean. Celui-ci l'en ayant remercié, il lui écrivit :

« *J'ai acquitté à Vienne la lettre de change que vous aviez tirée sur moi à Abo.* »

Il est vrai que cette phrase n'avait pas le mérite de la nouveauté ; mais enfin je la rapporte telle quelle. Voici ce qui toucha particulièrement l'empereur dans l'entrevue d'Abo : après qu'on eut traité des indemnités à donner à la Suède, et que le prince Charles-Jean s'en fut rapporté, pour toute garantie, à la parole du czar, il ajouta :

— Sire, j'ai vu les troupes que vous avez placées sous mon commandement (une convention portait que trente-cinq mille Russes seconderaient les opérations de l'armée dans le débarquement en Islande), c'est l'élite de votre armée. Mais le moment de me mettre à leur tête n'est pas opportun ; vous en avez vous-même un besoin plus urgent. Le général Wittgeinstein s'affaiblit malgré sa vigoureuse défense sur la Dwina. Je sais qu'il ne lui reste guère que quatorze mille hommes, et il est impossible que les maréchaux Macdonald et Victor ne finissent pas par l'écraser, et ne marchent sur Saint-Pétersbourg. Envoyez-lui donc les trente-cinq mille hommes, c'est là le plus pressé.

— Cette conduite de votre part est pleine de noblesse, répondit le czar; mais je ne puis en profiter; car comment auriez-vous la Norwége?

— Nous aurons le temps d'y penser, si les armes vous favorisent; tandis que, dans le cas contraire, il vaudrait mieux renoncer au trône que de régner selon le bon plaisir de Napoléon.

Le czar, charmé au fond d'une proposition qui le tirait d'un grand embarras, l'accepta avec une vive reconnaissance. Les troupes expédiées vers les grandes armées remplirent complètement leur but en ce qu'elles fermèrent aux Français l'entrée de Saint-Pétersbourg.

La bataille de la Moskowa, gagnée encore par Buonaparte sur Stratusow, la dernière espérance des Russes, ouvrit à l'armée victorieuse les portes de Moscou, cité pour laquelle les Russes avaient une vénération religieuse. Je ne m'engagerai pas à raconter les événemens de cette époque célèbre, à présenter le fameux Rosptochin prenant sur lui l'initiative d'un désastre qui, par son immensité même, sauva l'empire russe. L'incendie de Moscou est assez connu ; on sait qu'il trompa toutes les prévisions du conquérant ; qu'il mit le terme aux triomphes de Buonaparte ; que dans cette circonstance apparut visiblement le doigt de Dieu, pour lui dire : *Tu n'iras pas au-delà*. On sait les revers qui s'ensuivirent ; comment Buonaparte persista à rester dans un pays dont toutes les ressources étaient disparues ; comment, bercé de sa chimère d'amener le czar à une paix désormais inutile pour ce dernier, il laissa arriver la saison du froid et des neiges, et comment enfin, désabusé de ses folles espérances, il ordonna la retraite lorsqu'elle devenait impossible.

Mon cœur saigne, et ma plume se refuse à tracer les particularités de ce retour vers la mère-patrie, retour marqué par des calamités dont on ne trouve aucun exemple dans l'histoire moderne ; où la France perdit l'élite de ses soldats et de ses officiers ; qui mit tant de familles en deuil, qui coûta tant de larmes.

Mais avant de connaître les fatales conséquences des victoires de Buonaparte, nous eûmes, nous autres exilés, de tristes instans à passer. Chaque courrier apportait la nouvelle d'une bataille gagnée, d'une province conquise. Je peindrais mal le trouble où me jeta la prise de Moscou, que nous apprîmes avant son terrible incendie. Nous crûmes cette fois que Napoléon avait fixé la roue de la fortune. Le désespoir commençait à nous gagner, lorsque nous apprîmes bientôt après que l'armée française, plus vaincue par les élémens que par les Russes, était en partie détruite, et que ses débris regagnaient avec peine la Pologne.

Outre le chagrin que j'éprouvai en pensant à la perte de tant d'hommes, que je continuais à regarder comme mes enfans, mon cœur fut encore péniblement brisé par la captivité de plusieurs milliers de Français égarés au fond de la Russie. J'oubliai que ces vaillans soldats avaient combattu contre ma cause, je ne vis que leurs malheurs, et aussitôt j'écrivis en ces termes à l'empereur Alexandre :

« Monsieur mon frère,

« Le sort des armes a fait tomber dans les mains
« de Votre Majesté Impériale plus de cent cin-
« quante mille prisonniers ; la plus grande partie
« sont Français. Peu importe sous quel drapeau ils
« ont servi, je ne vois en eux que mes enfans, et
« je les recommande à la bonté de Votre Majesté
« Impériale. Qu'elle daigne considérer leurs mal-
« heurs, et adoucir la rigueur de leur sort. Puis-
« sent-ils apprendre que leur vainqueur est l'ami
« de leur père ! Votre Majesté ne peut me donner
« une marque plus touchante de ses sentimens pour
« moi. »

Ma sollicitude ne fut couronnée que d'un bien faible succès. Le czar, il est vrai, ne pouvait pas faire grand'chose pour les infortunés prisonniers, vu l'occurrence. Mais j'avais rempli un devoir sacré, et cette certitude me tranquillisa.

Nous apprenons tout-à-coup aussi qu'un homme, qu'un prisonnier a essayé de renverser presque à lui seul ce colosse de puissance de Buonaparte. On comprend sans doute que je veux parler de la conspiration du général Mallet, l'un des faits les plus extraordinaires de l'histoire ancienne et moderne ; fait qui dénote un génie supérieur, une de ces capacités qui trouvent si peu de points de comparaison. On se rappelle que ce général conçut un plan pour renverser Buonaparte, qui pensa réussir, tant il était habilement combiné ; que d'un côté, il fit courir le bruit de la mort de ce dernier, et de l'autre celui d'une prétendue décision du sénat, par laquelle, lui Mallet établissait à l'Hôtel-de-Ville de Paris un gouvernement provisoire composé d'hommes de toutes les opinions, lequel ne devait être que transitoire pour arriver à la restauration de mon trône. L'exécution de ce plan fut confiée à deux autres généraux captifs comme lui, Guidal et Lahorie. Ceux-ci ne se trouvèrent pas à sa hauteur, et l'entreprise manqua non sans avoir couvert de ridicule le ministre de la police, qui retira de cette affaire le titre plaisant de duc de La Force, non sans avoir mis en mouvement le préfet de la Seine et une partie de la garnison de Paris.

M. de Mallet et ses complices payèrent de leur vie tant de hardiesse et de présence d'esprit. La conspiration fut étouffée quelques heures après sa naissance. Mais l'espèce d'inviolabilité que dix ans de règne donnaient à Buonaparte perdit quelque chose de son prestige. On regarda comme possible d'accomplir ce qui venait d'être consommé à demi, et les âmes généreuses se retrempèrent d'une nouvelle énergie. Quant à moi, j'en tirai un heureux présage pour les entrprises à venir.

La colère de Buonaparte éclata comme la foudre lorsqu'il apprit cette tentative. Elle se tourna contre ceux qui avaient mis leur reponsabilité à couvert en pressant le supplice de M. de Mallet.

— Il n'y a donc à Paris, dit-il, que des imbéciles et des lâches ?...

Cet événement accéléra son retour ; il abandonna sur-le-champ la Pologne et son armée, pour venir s'assurer par lui-même des périls qui pouvaient encore exister. Il traita le duc de Rovigo de manière à le faire rentrer sous terre, puis il conclut ainsi :

— Il est heureux pour vous que votre dévouement vous protége contre votre sottise.

Cependant la police française se vengea de cet affront, par un redoublement de rigueur. Elle poursuivit à outrance tous ceux qu'elle soupçonnait de m'être fidèles. Ce fut à cette époque qu'on s'occupa du guet-apens infâme qui avait pour but d'attirer en France le duc de Berry, où l'attendait une mort certaine. Je suis persuadé que le duc de Rovigo sait là-dessus des particularités fort curieuses dont il pourrait nous régaler s'il n'était si discret.

CHAPITRE XX.

On commence à revenir à Louis XVIII. — Le prince de Talleyrand se rappelle que le roi existe. — Une plaisanterie. — Le grand diplomate travaille pour la cause du roi. — Le comte Alexis de Noailles. — Son portrait. — Son dévouement. — Ce qu'il dit au roi sur la France. — Projet qu'il lui inspire. — Courses diplomatiques de ce fidèle serviteur. — Murat se brouille avec Buonaparte. — Le cabinet de Londres et les Bordelais. — Le roi écrit à M. Taffard de Saint-Germain. — Et au marquis d'Avaray. — Cours des événemens politiques. — Armistice de Dresde. — La paix proposée et refusée. — La guerre recommence.

Le désastre de Moscou retentit dans toute l'Europe, on se jeta en quelque sorte un regard d'un bout du monde à l'autre, et l'on commença à respirer. J'aurais voulu que les espérances qui m'assaillirent ne fussent point dues aux malheurs de la France. Mais jusque-là je n'avais pu par moi-même mettre un terme à ma propre infortune, il fallait donc se soumettre à obtenir ma délivrance par une catastrophe qui me navrait le cœur. On me prouva facilement que ma position allait changer de face, car de toutes parts on se rapprocha de ma personne. Au commencement de 1813, je reçus des marques de souvenir de telle puissance qui jusque-là n'avait voulu entretenir aucune relation avec moi. Ceux sur qui je comptais le moins furent les premiers à me donner signe de vie.

C'est aussi à cette époque que le prince de Talleyrand se rappela enfin que j'étais encore de ce monde. Jusque-là il l'avait oublié ; vu la multiplicité de ses affaires. Qui tomba de son haut ? ce fut son excellent oncle en recevant tout-à-coup une lettre de ce spirituel neveu qui jamais ne songeait à lui écrire. Mais la force du sang s'était réveillée au bruit de la chute de Moscou. Le prince de Talleyrand dans sa missive à l'archevêque de Reims l'accablait de protestations de tendresse, lui souhaitait toutes sortes de prospérités pour l'avenir, et recommandait surtout à ce bon parent de le mettre à mes pieds.

Le digne archevêque arriva haletant pour me montrer cette pièce curieuse. Je ne m'étonnai pas d'une telle démarche envers un oncle si respectable, mais après avoir jeté les yeux sur l'article qui me concernait :

— Dieu soit loué ! m'écriai-je, Buonaparte doit toucher à sa chute, car je parie que lorsque le Directoire fut près de la sienne, votre neveu écrivit dans les mêmes termes au vainqueur de l'Italie. Si vous lui répondez, marquez-lui que j'accepte l'augure de son bon souvenir.

Le prince de Talleyrand ne s'en tint pas là; d'autres missives suivirent celle-ci. Je dois convenir que dès avant la restauration il me rendit de ces services qui méritent de la reconnaissance. Il se rapprocha d'abord de quelques membres du sénat, et leur prouva par ces argumens irrésistibles dans sa bouche, qu'il ne dépendait que d'eux de rendre à leur corps la considération qu'il avait perdue. J'appris ce fait par les comtes Boissy-d'Anglas, Fabre de l'Aude, d'Ambarrère et quelques autres qui me firent assurer sous main de leur dévouement. Je sus aussi que le prince de Talleyrand avait essayé d'influencer quelques hommes de la révolution, mais avec peu de succès parce qu'il ne put calmer les terreurs de leur conscience. Il manœuvra en outre autour de certains maréchaux et de plusieurs généraux recommandables. Je tais leur nom en vertu de l'engagement que j'ai pris de ne jamais le révéler. Je pourrais m'en affranchir, car eux depuis ont mal tenu le leur, mais la parole d'un roi doit être inviolable quand même. Enfin le prince de Talleyrand, rentré dans une bonne voie, sut sans se compromettre apprendre aux souverains la nouvelle direction que prenaient les choses; et comme partout on avait une haute idée de son mérite, il me fut fort utile rien qu'en manifestant son opinion. Ses négociations devinrent plus directes un peu plus tard. Buonaparte en eut connaissance, mais n'ayant aucune pièce à l'appui, il ne put convaincre de fourberie l'habile diplomate. Il l'accabla seulement du poids de sa disgrâce dont vint le dédommager l'an de grâce 1814.

Parmi ceux qui contribuèrent le plus efficacement à ma rentrée, puis-je oublier le comte Alexis de Noailles ? La révolution l'avait trouvé trop jeune pour le contraindre à émigrer ou pour le conduire à l'échafaud. Il était né le 1er juin 1783, mais il grandit assez pour faire ombrage à Buonaparte : on sait quelle guerre lui déclara celui-ci ; ne pouvant l'attacher à sa personne, il le fit mettre en prison pour avoir colporté la bulle d'excommunication du souverain pontife. Après une captivité de sept mois, le comte fut relâché sans condition. Le général Mallet lui suscita avec bonne intention une autre fâcheuse affaire en le mettant sur la liste de ceux dont il composait son gouvernement provisoire. Mais avant que ce complot éclatât, le duc de Rovigo avait signifié au comte Alexis qu'il fallait se vouer à la cause impériale ou être exilé. L'alternative était dure, cependant il aima mieux fuir sa patrie que de vivre sous une aussi horrible tyrannie. Il chercha d'abord une retraite en Suisse. Traqué de vallée en vallée, de montagne en montagne, prêt à être saisi par la police savarienne, il quitta l'antique Helvétie qui n'était plus la terre de la liberté, et se rendit à Vienne le cœur plein des plus généreuses résolutions.

Le comte de Noailles ne fut nullement arrêté par les nœuds de famille qui liaient la maison de Lorraine à celle de Buonaparte, bien certain que si la première trouvait son avantage dans un revirement de politique, elle n'hésiterait pas à l'adopter. Le comte, avec toute la chaleur de la conviction, prouva au cabinet de Vienne que Buonaparte était l'ennemi de toutes les anciennes dynasties, et que la maison de Lorraine, sous peine de se perdre, devait faire cause commune contre lui. On convenait bien de cette vérité, mais le moment de se déclarer n'était pas venu. On *conseilla* donc au comte de Noailles d'aller faire ailleurs des prosélytes, promettant de le rappeler quand il serait temps.

Il tourna ses pas vers la Suède, où il fut accueilli par le duc de Sudermanie. Le prince Charles-Jean partagea ses idées sur la nécessité de mettre un frein à l'ambition de Buonaparte; et comme cette visite à Stockholm eut lieu après le traité conclu entre la Suède et la Russie, le prince Charles-Jean put s'entendre plus facilement avec mon fidèle serviteur. Il le chargea même de me faire connaître l'intérêt qu'il prenait à mes malheurs, et son vif désir de contribuer à les améliorer. Le comte de Noailles me rapporta tous ces faits lorsqu'il se rendit ensuite à Hartwell, où je le reçus à bras ouverts.

Le comte Alexis de Noailles joint à beaucoup d'esprit une finesse d'observation peu commune. Il a autant d'élévation d'âme que d'énergie. Doué d'une conception vive, il exécute avec la même activité, et rien ne lui coûte pour servir la cause à laquelle il se dévoue. Je compris de quel avantage pouvait être pour moi un tel serviteur, et peut-être s'aperçut-il que je me mettais en frais pour mieux me l'attacher.

Il plut également à Monsieur, à mes neveux et à madame la duchesse d'Angoulême. Je lui dus enfin des renseignemens circonstanciés et positifs sur l'opinion de la France. Je sus qu'on y soupirait après un meilleur ordre de choses ; qu'on prévoyait l'impossibilité d'une paix prolongée, sans un retour vers la légitimité ; mais il ne me cacha pas non plus que la masse demeurerait inerte tant qu'elle ne serait pas excitée et soutenue par le concours des puissances étrangères, à tel point elle craignait Buonaparte. Cependant, ajouta M. de Noailles, l'usurpateur ne doit faire aucun fond sur la nation en cas de revers, car elle est tellement lasse de sa tyrannie, qu'elle ne s'efforcerait en rien de le soutenir. J'appris également que les idées républicaines s'étaient éteintes pendant les quatorze années qui venaient de s'écouler, et que pour les ranimer il faudrait une suite de fautes que mon gouvernement ne commettrait pas.

J'écoutai avec un intérêt avide ces données si différentes de celles qui depuis long-temps me parvenaient. J'y puisai d'ailleurs de nouvelles lumières par des questions précises dont les réponses me prouvèrent :

1° Qu'un retour complet à l'ancien régime perdrait tout ; qu'en conséquence il fallait combiner les élémens de la constitution de manière à contenter à demi les classes diverses de la société ; qu'on ne pourrait surtout toucher aux propriétés dites nationales, et que le clergé ne devait pas s'attendre à rentrer dans ses anciennes prérogatives ;

2° Qu'au lieu de rétablir l'administration passée, les-états-généraux et provinciaux, les parlemens, les provinces, les intendances et le vieux système financier, le plus sage serait de se coucher dans le lit de justice de Buonaparte et de maintenir tout ce qu'il avait construit avec assez d'habileté. Je compris le danger qu'il y aurait à remanier tous les erremens de l'ancien pouvoir, à rassembler des matériaux tellement brisés, qu'aucune soudure ne pourrait leur rendre leur solidité primitive ; tandis que l'administration actuelle, éprouvée par douze années d'existence, déposait en faveur de sa durée et du bon esprit qui avait présidé à sa formation.

Je gardai *in petto* cette résolution que mon sens droit m'engagea à prendre, ne voulant pas à l'avance susciter une meute de mécontens autour de moi. Je vivais avec des gens qui du matin au soir rêvaient le beau idéal du gouvernement de Louis XIV, et qui, ne renonçant à aucune tradition féodale, se préparaient déjà à rebâtir Marly et le château de Choisy, afin que rien du passé ne nous manquât. Si donc je leur avais annoncé que non-seulement ces choses n'auraient pas lieu, mais que les émigrés ne recouvreraient ni leurs terres ni leurs rentes, on m'aurait lapidé sur place, ou du moins,

Par avis de parens, renfermé de bonne heure.

J'étais loin cependant de m'imaginer tous les obstacles que j'aurais à vaincre, pour compléter notre restauration, de ceux-là mêmes dont le premier intérêt était qu'elle s'effectuât; il est certain qu'en 1814, les plus fortes pierres d'achoppement dont il m'a fallu débarrasser mon chemin y ont été jetées par les royalistes.

Je gardai donc pour moi mes réflexions et mes projets; je témoignai seulement au comte de Noailles ma gratitude pour tous les services qu'il me rendait. Cependant l'intérêt de mes peuples et de ma maison devant passer avant des considérations particulières, je me déterminai à profiter des bonnes intentions du prince royal de Suède, et lui dépêchai le comte Alexis pour m'entendre sur différens points avec lui. Il me fut affreux d'abandonner la cause de Gustave IV; mais Dieu sait qu'en cela je ne me laissai guider par aucun intérêt personnel. Je chargeai mon agent, après sa mission remplie en Suède, d'aller jusqu'à Saint-Pétersbourg pour décider le czar à prendre en main ma cause, et à me faire entrer dans la coalition comme partie contractante.

Ceci aurait été un grand pas vers ma restauration et j'eus la satisfaction de voir que ni le prince Charles-Jean ni l'empereur de Russie n'y mettaient obstacle. Le roi de Prusse, déjà notre allié secret à cette époque, accéda amplement à ma demande ; mais le cabinet de Vienne s'y opposa fortement. On ne pouvait dans ce royaume se résoudre à me compter pour quelque chose. Je reçus cependant de Vienne de fort bonnes paroles, ce qui, joint aux espérances que me donnait le prince-régent, rendait ma position plus supportable.

Ce fut le comte Alexis de Noailles qui me rapporta lui-même les dispositions amicales des cours du Nord. Il me donna en même temps des détails circonstanciés sur l'expédition de Buouaparte en Russie. Je l'invitai à se reposer quelque temps à Hartwell. Mais il ne pouvait rester inactif tant qu'il voyait jour à me servir. Il avait d'ailleurs promis au prince Charles-Jean d'aller le rejoindre. Il quitta l'Angleterre en 1813, et se rencontra à Stockholm avec les envoyés secrets du sénat de Hambourg, qui, au nom de leurs concitoyens, venaient prier les Suédois de leur porter secours pour la délivrance de leur ville. Il les conduisit lui-même au prince Charles-Jean, et de là il alla négocier avec diverses cours de l'Allemagne, encore incertaines sur leur politique à venir. Lorsque la bataille de Grosburn eut été gagnée, le comte de Noailles s'empressa aussi d'aller en porter la nouvelle aux souverains alliés. Dès ce moment, il se multiplia en quelque sorte, mais demeura plus particulièrement attaché à l'armée suédoise. Enfin, je ne dirai jamais assez tout ce que ce digne serviteur a fait pour ma cause. Il rejoignit plus tard Monsieur à

Vesoul, devint son aide-de-camp, et se rendit à Paris avant lui pour préparer le voies de son retour.

Tandis que les négociations avaient lieu, Buonaparte cherchait à se venger sur autrui de ses propres fautes. Il enleva le commandement de sa grande armée à Murat, pour le transmettre au prince Eugène. Cet affront fait au premier lui causa une telle colère que dès lors il ne repoussa plus que faiblement les nouvelles propositions qui lui furent faites de la part des Anglais. Cependant, soumis par habitude à Buonaparte, il n'osait pas encore secouer son joug; il ne le fit qu'en janvier 1814, et j'eus alors le chagrin d'apprendre que, malgré mes instances, la couronne de Naples lui était assurée ainsi qu'à ses enfans. La Grande-Bretagne avait intérêt à ce que la Sicile fût séparée du royaume de Naples, parce qu'elle demeurait ainsi constamment médiatrice entre ces deux États. Cette politique toute d'égoïsme la rendit ingrate envers Ferdinand III, son plus fidèle allié peut-être.

Les désastres de la campagne de Moskou donnèrent une autre impulsion au cabinet de Saint-James. Il se détermina à répondre aux ouvertures que M. Rollac lui avait faites. Le ministère en fit part au comte de La Châtre qui me l'apprit à son tour. M. Rollac reçut alors l'avis de prévenir les royalistes de la Gironde, que s'ils étaient en mesure d'agir, ils seraient vivement soutenus. M. Rollac, voyant les choses aussi avancées, pensa avec raison qu'il serait convenable d'envoyer à Bordeaux un commissaire en mon nom. On l'invita à le désigner, et il choisit M. Peffaut de la Tour. Celui-ci, plein de zèle et de courage, accepta avec ardeur la mission périlleuse que je confiais à sa loyauté, et il la remplit avec autant d'intelligence que de succès.

M. Peffaut de la Tour porta à M. Tassar de Saint-Germain des lettres-patentes, par lesquelles je l'investissais de la charge de commissaire royal avec des pleins-pouvoirs pour agir en mon nom, et préparer les moyens d'effectuer mon retour. Je mis la province entière de Guienne sous sa direction. Il devait s'entendre avec le marquis de La Rochejacquelein, revêtu des mêmes fonctions dans toute la partie de l'Ouest et de la Vendée, où déjà on travaillait à un soulèvement général. Je ne négligeai ni le Nord ni le Midi. Ce n'était guère que vers les côtes de la Méditerranée, peu garnies de troupes impériales, que je pouvais espérer qu'on répondrait à mon signal. Néanmoins je le donnai en vain. Ces contrées, bien qu'éminemment royalistes, ne semblent pas disposées à soutenir en aucun temps leur opinion par la force des armes. On y aime sans doute beaucoup les Bourbons; mais on ne s'y bat guère pour eux.

Il est certain que les espérances sur lesquelles je devais tant compter d'après les rapports de M. de Rollac et autres, d'une levée en masse depuis la baie d'Arcachon jusqu'au Var, furent complètement déçues pendant la durée de 1813. Cependant je ne me décourageai pas, et au mois de juillet j'envoyai à Bordeaux M. Perrin avec un billet pour le commissaire du roi, Tassar de Saint-Germain. Il était conçu en ces termes :

« Il tarde au meilleur des pères de se retrouver au milieu de ses enfans. »

Je ne pensai pas devoir en dire plus long, et tandis que par ce billet laconique je tâchais d'activer le feu sacré, j'écrivis, pour satisfaire les besoins de mon cœur, la lettre suivante au marquis et à la marquise d'Avaray; père et mère de celui qui avait été mon ami le plus cher.

« L'âge et les infirmités ont pu changer la main
« qui trace ces caractères, mais vous ne reconnaî-
« trez pas moins ici une amitié de quarante ans.
« Un lien plus sacré encore nous unit ; en vain la
« mort a cru le briser, il subsistera toujours dans
« mon cœur. Que Dieu veille sur vous deux, je ne
« renoncerai jamais à l'espoir de pleurer avec vous
« tout ce que nous avons perdu; c'est la seule
« consolation qui nous reste. »

Cette année 1813 paraissait devoir amener la solution de la grande question politique. J'en rapporterai les principaux événemens avec ma rapidité ordinaire. Elle s'ouvrit, pour ainsi dire, par une proclamation que j'adressai aux Français, dans laquelle j'exprimais mes vœux pour leur prospérité, mon projet de leur assurer la paix par des lois sages et en harmonie avec les idées de l'époque, en un mot tout ce que je croyais propre à me rallier les esprits.

Le 8 février, Varsovie tomba au pouvoir des Russes; le 10, le czar adressa une proclamation aux peuples de l'Allemagne, pour les appeler à secouer le joug de leur ennemi commun. Ceci avait été précédé par la défection du général prussien d'York, autorisé secrètement par son roi à passer du côté des Russes. La nécessité contraignit Guillaume III à désavouer d'abord toute coopération à cet acte; mais, plus libre de sa conduite, il put, le 1er mars, signer un traité d'alliance avec l'empereur Alexandre, dont les troupes occupèrent Berlin le 4 du même mois. Le 12, Hambourg fut évacué par les Français; le 21 les alliés prirent possession de Dresde, et le 23, le prince royal de Suède écrivit avec autant de dignité que de convenance à Buonaparte pour l'engager à la paix.

Buonaparte se préparait à la guerre, et sur cette France, déjà épuisée par tant de conscriptions, de levées supplémentaires, il obtint de la faiblesse du sénat un supplément de deux cent mille soldats, et un peu plus tard un de trente-six mille, qui seraient pris uniquement dans les départemens voisins des Pyrénées. Le 1er avril, il déclara la guerre à la Prusse, et le 15 il partit pour l'armée d'Allemagne, qui se recomposait avec célérité. Le 1er mai il parut reprendre son ascendant ordinaire par le gain de la bataille de Lutzen; le 8 le prince Eugène était à Dresde. Les Français continuèrent à vaincre à Bautzen, à Reichenbach et en divers autres lieux. Le maréchal Davoust s'empara de

Hambourg le 30, et de si heureux débuts engagèrent les alliés, qui avaient besoin de temps et de renforts, à proposer, le 2 juin, un armistice, que Buonaparte eut le tort d'accepter.

Cependant l'Autriche n'était pas encore décidée; elle se serait rattachée à l'usurpateur, si ses armes eussent été victorieuses en Russie. Buonaparte en consentant à une trêve, se donna aussi le loisir de faire venir ses nouvelles recrues, de semer la discorde parmi les princes, de profiter enfin des chances qu'il savait si bien se ménager. Les troupes d'ailleurs n'étaient pas heureuses en Espagne; lord Wellington avait repoussé les Français; il venait de prendre des mesures propres à les refouler hors de la Péninsule, et Buonaparte espérait qu'on le laisserait respirer de ce côté.

La convention, signée à Dresde le 30 juin, fut suivie d'un congrès pour la pacification générale, lequel s'ouvrit à Prague le 12 juillet. Environ à la même époque, l'Autriche, éclairée enfin sur ses véritables intérêts, signa une alliance avec la coalition le 17; acte qu'elle ne fit néanmoins connaître à Buonaparte que le 12 août, après la rupture de l'armistice. Les propositions faites à Buonaparte étaient:

Que le duché de Varsovie serait partagé entre la Russie, la Prusse et l'Autriche; que les villes anséatiques du nord deviendraient indépendantes; que la Prusse serait reconstituée avec frontière sur l'Elbe; que Trieste et les provinces Illyriennes retourneraient à l'Autriche ; que toutes les puissances existantes, grandes ou petites, se garantiraient réciproquement leurs États, et qu'enfin l'indépendance de l'Espagne et de la Hollande serait établie à la paix générale.

Certes c'étaient des conditions très belles pour la France, qui se trouvait encore à la tête de l'Europe ; mais elles ne satisfirent pas Buonaparte, lequel attendait mieux du succès de ses armes. La guerre recommença donc, elle fut décisive. Une des causes qui la détermina en faveur des souverains fut la démarche du général Jomini, lequel abandonna soudain le service de Buonaparte. Il fit connaître le plan de campagne de ce dernier, qui consistait à marcher sur Berlin ; il le rendit par là impraticable, et de grands changemens en résultèrent.

CHAPITRE XIV.

Continuation des événemens politiques. — Le czar écrit à Louis XVIII. — Buonaparte repoussé en France. — Le roi négocie à Bordeaux. — Lettre-circulaire écrite en son nom par le comte de Blacas. — Monsieur et ses fils sont appelés par la coalition. — Douleur des adieux. — Fermeté de madame duchesse d'Angoulême. — Monsieur en Suisse. — Le duc de Berry à Jersey. — Le duc d'Angoulême auprès de lord Willington. — Soumission de Bordeaux. — Louis XVIII est reconnu roi de France dans cette ville. — Le 12 mars. — Entrée du duc d'Angoulême. — Ce qu'il mande au roi. — Derniers efforts de Buonaparte. — Le prince de Condé. — Ce qu'on écrit au roi du congrès de Châtillon. — On intrigue à Châtillon en faveur de la régence. — L'empereur Alexandre veut que la France décide à qui elle se donnera. — La cause de Louis XVIII est gagnée.

Buonaparte ouvrit cette nouvelle campagne par une autre bataille de Dresde, livrée et gagnée le 26 et le 27 août; mais sa destinée n'en devait pas moins s'accomplir. Vainement il redouble d'activité et de génie; vainement le sénat lui accorde encore trois cent mille conscrits, la main de Dieu pèse sur lui, paralyse ses efforts. Il remporte des victoires sans pouvoir avancer d'un pas; il est vaincu à Leipsick, où un autre pont occasionne le renouvellement horrible des scènes de la Bérésina.

Buonaparte appelle à lui toutes ses ressources pour se soutenir, mais le sol manque sous ses pas. On le presse, on le pousse, on le rejette sur la France, où il est forcé de rentrer à la fin de l'année, avec ses soldats fatigués, mais non encore abattus. Déjà, le 21 décembre, une déclaration solennelle de tous les souverains annonce qu'ils ne font pas la guerre à la France, ce qui est dire clairement qu'ils combattent seulement l'usurpateur de mes droits; et le 31 décembre, la France elle-même est envahie. Elle n'avait pas vu les étrangers sur son territoire depuis 1792.

Ce fut un grand événement! Ici je m'arrête pour revenir à mes affaires personnelles. J'attendais ce que les alliés feraient pour moi; je les conjurais tous de m'appeler près d'eux, d'autoriser mon frère et mes neveux, non à prendre part à la guerre, mais à venir se montrer aux Français, et toujours cette éternelle réponse qui brisait mon cœur : « *Il n'est pas temps encore.* » Enfin, vers les derniers jours de novembre, je reçus une lettre du czar, qui disait :

« Monsieur mon frère,

« Que Votre Majesté prenne patience; l'instant
« arrive où vos vœux et les miens seront comblés :
« notre ennemi commun peut retarder l'heure de

« sa chute, mais non l'empêcher de sonner. Des
« renseignemens positifs nous apprennent qu'il
« manque de soldats, que la France est lasse de
« lui en fournir, et qu'enfin il va se trouver dans
« des embarras dont il ne sortira plus.

« Je ménage vos intérêts, et très prochainement
« va paraître une proclamation libellée par nous
« tous. Elle portera que nous n'avons pris les armes
« que pour nous délivrer de l'ambition de Buona-
« parte, que nous n'en voulons qu'à lui, et nul-
« lement aux Français. Ceux-ci comprendront ce
« que signifie ce langage, et ils vous rappelleront
« pour ramener la tranquillité parmi eux. Je ne
« crois pas qu'on propose à Votre Majesté, dont
« les infirmités sont connues, de prendre part à
« une campagne d'hiver et par conséquent très pé-
« nible; mais les princes de votre sang seront in-
« vités à nous rejoindre. Il ne reste plus qu'à décider
« l'empereur d'Autriche, qu'à lui prouver que les
« intérêts de ses fils doivent passer avant ceux de
« son gendre, etc. »

Je tombai à genoux à la lecture de cette lettre, et des larmes s'échappèrent de mes yeux. J'adorai les décrets divins qui enfin me rappelaient sur le trône de mes pères et de ce moment je ne doutai plus de l'avenir. On prétend que, jusqu'au 12 mai, il a toujours dépendu de Buonaparte d'obtenir la paix; mais cela est faux. Les puissances, depuis leur entrée en France, étaient déterminées à ne plus traiter avec lui. Le semblant qu'elles en firent avait pour but d'enodormir sa vigilance et de l'amuser par l'espoir vain d'un accommodement. Il se laissa prendre, et quand on l'eut entouré d'un cercle de fer on l'écrasa. S'il fût resté sur le trône de France, l'Europe n'aurait jamais eu la paix : je pouvais seul la consolider.

En attendant que la victoire se décidât du côté du nord, je tournais mes espérances vers le Midi. Dès le 9 octobre, l'armée combinée d'Espagne, de Portugal et d'Angleterre, avait passé la Bidassoa, malgré les efforts incroyables du maréchal Soult. Bayonne était investie, Bordeaux menacée, et je pensais que mes partisans allaient se montrer. M. de Rollac, auquel je fis parler, avait la même opinion; j'augmentai le nombre de mes agens; je ne négligeai rien pour exciter le courage des Français fidèles, je les conjurai de s'entendre avec lord Wellington, alors en position de donner un coup de collier vigoureux, et afin de rattacher à ma cause les peureux et même les constitutionnels. Je dictai au comte de Blacas la lettre suivante, qu'il parut toutefois écrire en son nom. Elle était adressée aux divers comités royalistes, et s'exprimait ainsi :

« Le roi ne voulant négliger aucune occasion de
« faire connaître à ses sujets les sentimens dont il
« est animé, me charge de donner sous son nom à
« N... toutes les assurances qu'il peut désirer. Sa
« Majesté sait tout ce que N... peut faire pour son
« pays, non-seulement en contribuant à le délivrer
« du joug qui l'opprime, mais en secondant un jour

« de ses lumières l'autorité destinée à réparer tous
« ses maux. Les promesses du roi ne sont, au reste,
« que la suite des engagemens qu'il a pris à la face
« de l'Europe, et qui ne lui laissent qu'à oublier les
« erreurs, récompenser les services, étouffer les
« ressentimens, *légitimer les rangs, consolider les*
« *fortunes*, et à n'occasioner, en un mot, que la
« paisible transition des calamités présentes au bon-
« heur et à la sécurité à venir.

« *Signé* le comte de BLACAS.

« Hartwell, 1er décembre 1813. »

Mais toutes ces précautions dictées par prudence
avaient besoin d'être appuyées plus efficacement.
Fort de l'assentiment du czar, je sollicitai sans relâche l'autorisation promise de faire partir les princes
de ma famille, et, à force d'instances et de représentations, j'obtins enfin ce point si important. Qu'il
fut doux pour moi l'instant où le comte de La Châtre, arrivant avec précipitation de Londres, me
remit, en s'agenouillant devant moi, la lettre par
laquelle Monsieur et ses deux fils étaient invités à
se rendre sans retard sur divers points du continent.
Mon bonheur eût été complet, si moi-même j'avais
pu me montrer à leur tête ; mais lors même que les
souverains eussent cru pareillement ma présence
nécessaire, la goutte cruelle qui me tourmentait
alors m'aurait retenu malgré moi. Je ne pouvais
marcher, et ma faiblesse était d'autant plus grande

que toutes mes forces s'étaient portées vers mon cœur!

Il m'est impossible de bien exprimer ce que nous ressentîmes dans ce moment solennel. Madame la duchesse d'Angoulême montra une grandeur d'âme et une énergie qui nous surprirent; nous autres hommes, nous nous laissions aller à l'attendrissement; elle, calme et sereine, ne s'occupait que des moyens d'assurer le succès de nos espérances. Elle dit à son mari :

— Monsieur, je voudrais être à votre place; — et à son beau-père : — Faites que la couronne n'aille pas ailleurs que sur la tête de vos enfans! Quant à vous, sire, poursuivit-elle en se tournant vers moi, je suis bien assurée que vous prendrez le soin de la consolider. Vous y parviendrez si les martyrs mes parens, si saint Louis vous secondent.

Nous nous embrassâmes avec effusion : les princes, avant leur départ, voulurent recevoir ma bénédiction royale. Je la leur donnai avec autant de satisfaction que d'alarme, ne pouvant, malgré les apparences, être pleinement rassuré sur l'avenir. J'avais vu si souvent renverser les projets les mieux combinés!

Nous nous séparâmes enfin; Monsieur, qu'on attendait au quartier-général, alla débarquer en Hollande, et se rendit par terre à sa destination. Je l'avais investi avec beaucoup de joie de toute mon autorité; il partait lieutenant-général de l'État et couronne, chargé de me représenter et de traiter en mon nom avec qui de droit. Il se rendit d'abord en Suisse, où il arriva au mois de février 1814, puis il poussa jusqu'à Vesoul, où les circonstances le forcèrent à s'arrêter. Le plus malheureux était le duc de Berry, déjà nous avions failli le perdre dans un abominable guet-apens tendu par les agens de Buonaparte; en conséquence lui qui était notre seule espérance, nous ne pouvions nous décider à l'exposer sans aucune certitude. Hélas! cette tête si chère fut cependant frappée malgré toute notre sollicitude. Sa triste destinée l'emporta!

Le duc de Berry, conduit à Jersey, demeura dans l'inaction, tandis que son père et son frère combattaient ailleurs pour un trône qui ne pouvait se perpétuer que dans ses descendans. On le retint là par force jusqu'à ce que tout fût terminé.

Le duc d'Angoulême quitta l'Angleterre le 12 janvier 1814, dans le dessein de se joindre à l'armée anglo-espagnole, qui s'avançait sur le territoire français. Mon neveu était accompagné de quelques fidèles, du duc de Guiche, du comte Étienne de Damas-Crux et de M. de Guenau. Il partait plein de bonnes intentions, et dès le 2 février, à son entrée à Saint-Jean-de-Luz, il publia la proclamation suivante, que j'avais moi-même libellée à l'avance, et dans laquelle je parlais à mes sujets sous le nom de mon neveu.

« J'arrive, je suis en France, dans cette France
« qui m'est si chère. Je viens briser vos fers, je
« viens déployer le drapeau sans tache, que vous

« suivîez avec tant de transport à la victoire. Mar-
« chons tous ensemble au renversement de la tyran-
« nie. Généraux, officiers, soldats, vous vous ran-
« gerez sous l'antique bannière des lis, au nom du
« roi mon oncle, qui m'a chargé de faire connaître
« ses intentions paternelles. Je vous garantis vos
« grades, vos traitemens et des récompenses pro-
« portionnées à vos services. C'est le petit-fils de
« Henri IV, c'est l'époux d'une princesse dont les
« malheurs sont sans égal, mais dont tous les vœux
« sont pour le bonheur de la France ; c'est un prince
« qui, oubliant ses peines, à l'exemple de votre
« roi, pour ne s'occuper que des vôtres, vient avec
« confiance se jeter dans vos bras. Soldats, mon
« espoir ne sera par trompé, je suis le fils de vos
« rois et vous êtes Français... »

Dès que les Bordelais furent instruits de la présence de Son Altesse Royale à l'armée voisine, ils s'empressèrent de députer au duc de Wellington M. Dubarry-Bontemps, pour le supplier de marcher sur leur ville, ou du moins de détacher un corps qui pût l'occuper. La bataille d'Orthez, funeste à l'armée française, contraignit le maréchal Soult à se retirer sur Toulouse, et à abandonner entièrement les bords de la mer. Bordeaux n'ayant plus que la garde nationale pour maintenir le bon ordre, il était facile d'y arriver.

Le général anglais craignait de faire une démarche intempestive ; cependant, ne pouvant résister aux instances du duc d'Angoulême et à celles des

Bordelais, il ordonna au général Beresford, à la tête de seize mille hommes, d'aller prendre possession de la capitale de la Guienne. Le 7 mars, le corps anglais se mit en route ; déjà les esprits étaient bien disposés : les chefs de nos amis, MM. Taffard de Saint-Germain, de Gombaud, Alexandre de Saluces, de Pommiers, François de Gueriaux, de Lautrec, le jeune Mackarty, et Gauthier de Mondenard, avaient préparé les voies. Le maire de Bordeaux, M. Lynch, se conduisit noblement dans cette circonstance ; il répondit au marquis de La Rochejaquelein, qui l'informa du plan arrêté :

— Mon ami, vous n'avez pas de partisan plus dévoué que moi. C'est le maire de Bordeaux qui aspire à l'honneur de proclamer le premier Sa Majesté Louis XVIII.

Arrivé à Bordeaux le 10 mars, le marquis de La Rochejaquelain détermine le mouvement. La tête de la colonne anglaise approche de la ville ; et le 12 mars, le général fait demander comment on le recevra. Le comte Lynch monte aussitôt en voiture avec deux adjoints, et MM. de Tauzia, Labroue et Mondenard. D'autres voitures suivent, les principaux royalistes vont à cheval comme pour servir d'escorte, et plus de dix mille habitans se se pressent sur leurs pas. L'ordre avait été donné d'arborer le drapeau blanc sur le clocher de Saint-Michel lorsqu'on verrait le maire parler au maréchal Beresford. Les deux troupes s'étant réunies, le comte Lynch parla en ces termes :

« Général,

« Les Anglais, qui ont donné tant de preuves
« de magnanimité en secourant avec une constance
« inébranlable leurs alliés opprimés, se présentent
« aujourd'hui aux portes de Bordeaux. Si vous
« venez comme vainqueur, vous pouvez, général,
« vous emparer des clefs de la ville, sans qu'il soit
« besoin que je vous les donne ; mais si vous
« venez comme allié de notre auguste souverain
« Louis XVIII, je vous offre les clefs de Bordeaux,
« où vous serez témoin des preuves d'amour qui se
« manifesteront de toutes parts en faveur de notre
» roi légitime. A ces témoignages se joindront des
« sentimens de gratitude pour nos libérateurs. »

La réponse de lord Beresford fut aussi satisfaisante qu'elle pouvait l'être. En même temps les assistans se parèrent de la cocarde blanche. Les véritables couleurs françaises flottèrent sur le clocher de Saint-Michel, et pour la première fois depuis tant d'années le cri de *Vive le roi !* se fit entendre en France.

Je ne puis exprimer que faiblement les transports et l'enthousiasme qui se manifestèrent lorsque le duc d'Angoulême se présenta pour entrer à son tour. Les *vivats* furent tels, que les Anglais eux-mêmes en parurent effrayés. Le duc d'Angoulême m'écrivit le soir même en ces termes :

« Sire,

« Vous avez été aujourd'hui proclamé à Bordeaux

« Les années de votre règne ne seront plus datées
« d'une terre étrangère, vous avez maintenant
« une ville en votre possession. Je serais descendu
« du ciel, que je n'eusse pas été mieux reçu ; ces
« gascons sont des royalistes dévoués. Nous serons
« bien heureux si le reste de la France leur res-
« semble... etc. »

Je pleurai d'attendrissement à cette nouvelle.
Un de mes chagrins est de ne pouvoir aller remercier en personne la ville de Bordeaux de ce qu'elle
a fait pour ma maison : que notre reconnaissance
lui prouve que nous la regardons comme la cité
fidèle, et qu'à jamais le titre de l'héritier présomptif de la couronne soit celui de *duc de
Bordeaux*.

Cependant Buonaparte, ramené, malgré ses efforts incroyables sur les rives du Rhin d'abord, et
ensuite au sein de la France, ne s'était pas laissé
abattre par sa grande infortune. Jamais il ne déploya autant d'activité, d'énergie et de science militaire, que lorsque l'heure de sa chute fut venue.
Avant d'aller se remettre à la tête de ses troupes,
son premier soin, vers le Ier janvier 1814, fut d'investir sa femme de la régence, et de confier avec
solennité la défense de son fils à la garde nationale
parisienne. Cette scène dramatique produisit tout
l'effet qu'il en attendait. On dit que la répétition en
avait été faite à l'avance avec Talma ; je n'en crois
rien : elle aurait manqué son but si on y avait reconnu quelque préparation.

L'activité infatigable de Buonaparte tourmentait ses adversaires, bien qu'on le sût hors de mesure de pouvoir réparer ses pertes, et que de nouveaux renforts survinssent chaque jour aux alliés. On imagina les conférences de Châtillon-sur-Seine. Quoiqu'il me fût assuré qu'elles n'auraient aucun résultat fâcheux pour ma cause, je ne laissai pas de m'en inquiéter. Le prince de Condé était près de moi, il ne lui avait pas été possible de prendre, cette fois, une part active à la guerre. Sa santé affaiblie par tant de de fatigues et de malheurs ne lui permettait plus de courir les chances de cette campagne. Il commençait d'ailleurs à se survivre à lui-même. Il avait parfois des absences, il perdait la mémoire, et confondait souvent les personnes. On sait qu'après sa rentrée en France il prit chez lui le prince de Talleyrand pour l'archevêque de Reims du même nom, et qu'il en résulta une scène désagréable.

Mais, à part ces accidens peu communs, le prine de Condé était d'un commerce fort aimable. Il venait souvent me voir, faisant aussi avec assiduité sa cour à Madame la duchesse d'Angoulême ; et il ne me quitta plus dans les derniers momens de la grande catastrophe de Buonaparte. Nous consacrions une grande partie de la journée à nous entretenir des événemens ; nous formions des conjectures ; lui, encore des plans de campagne, et moi, des projets d'administrations. Nous osions enfin nous rappeler Versailles, Brunoi, Chantilly et nos belles années. L'espérance de rentrer en France, de revoir cette belle patrie avec quelques restes de nos sensations de jeunesse, jetait encore des fleurs sur les dernières années de notre carrière.

Je me souviens que, le 9 mars, emporté par le désir qui me consumait de rentrer dans l'héritage de mes pères, j'interrompis tout-à-coup ma phrase pour dire au prince de Condé :

— Oui, j'espère que Dieu jette sur nous un regard favorable, et que vous jouirez long-temps d'un ouvrage auquel peu de gens peuvent se vanter d'avoir travaillé autant que vous !

La rupture des conférences de Châtillon me rendit la joie : on me manda de ce lieu :

« Sire,

« Le bon droit l'emporte, les efforts des parti« sans de l'homme seront en pure perte. Dieu agit « pour nous, son intervention seule peut expliquer « l'aveuglement de Buonaparte. Il ne montrerait « pas plus d'opiniâtreté si, au lieu d'être aux portes « de Paris, il était à celles de Berlin ou de Vienne. « On le joue, et il se perd,.... »

A la même époque, une double audience me fut demandée par les envoyés extraordinaires de deux puissances coalisées. Je devinai à l'avance ce qu'on me voulait, et je me disposai à répondre convenablement. Les deux personnages introduits, l'un d'eux, après avoir rendu les hommages dus à mon rang, entra en matière. Il me dit que Buonaparte ayant montré une ambition insatiable, on ne pouvait plus se fier à lui. — Sa perte est résolue, ajouta-t-il ; mais une difficulté se présente ; c'est le choix de son successeur. Si on le faisait abdiquer en faveur de son fils, on obtiendrait de ce seul acte des avantages immenses, tandis, sire, que votre avénement, s'il a lieu, laissera les choses telles qu'elles sont, et les efforts des puissances, dans une guerre de vingt-deux ans ne leur procurera par le fait aucun profit.

— Mais, répondis-je, leur conduite en sera plus belle. Elle prouvera au monde entier qu'en renversant un ambitieux on n'était guidé par nul intérêt personnel. Je vois avec plaisir que la Prusse, par exemple, rentrera purement dans ses anciennes limites, et que l'Autriche ne s'agrandira pas aux dépens des états de Venise ni de ceux du Saint-Père.

On ne crut pas devoir me répondre sur ce point, mais on me dit :

— Voyez, sire, quels sacrifices vous voulez faire. Il en est deux sur lesquels on insiste positivement : celui de l'Alsace, de la Lorraine et d'une partie de la Franche-Comté. Si vous y consentez, votre restauration est assurée; dans le cas contraire, nous nous retournerons du côté de la régence ; nous avons la parole de Sa Majesté l'impératrice, qui s'engage à accepter ces propositions, et on se déterminera à composer avec elle.

—Messieurs, répondis-je, la femme d'un homme qui n'a rien en propre peut faire bon marché du bien d'autrui ; certes, il en restera toujours bien assez à son fils pour représenter dignement l'antique héritage de Buouaparte. Quant à moi, qui suis le vrai propriétaire politique de la France, l'usufruitier de la couronne, le conservateur de sa majesté, je ne puis flétrir ma rentrée par des concessions qui justifieraient tant d'odieuses calomnies répandues contre moi depuis le commencement de la révolution. Je souffrirai que la France soit réduite à ses anciennes limites, parce qu'il est des temps où on doit céder à la nécessité ; mais je ne ferai rien de plus. J'aime mieux demeurer en exil, comte de Lille avec honneur, que de devenir roi de France avec honte. D'ailleurs, ajoutai-je, je ne puis rien arrêter avant d'avoir au préalable soumis vos propositions au congrès de tous les souverains, et je vais donner des ordres pour qu'on les leur transmette.

On se récria, en prétendant n'avoir voulu ouvrir avec moi qu'une négociation particulière, et on me dit que dès le moment où je voulais la rendre générale, elle était rompue. Sur ce, les deux envoyés se retirèrent, et je sus que le cas de la régence avait été vivement agité au conseil des souverains, et que le czar avait tranché la question en disant :

— Il ne convient à aucun de nous d'imposer par force un monarque à la France. C'est à elle à se prononcer : remettons-nous-en donc à sa décision ; quant à moi, je ne souffrirai pas qu'on la violente sur ce point.

Lord Castlereagh, au nom de l'Angleterre, parla dans le même sens. Le cabinet britannique était déterminé à me rendre l'exercice de mes droits avec d'autant plus de vivacité qu'il était convaincu de l'influence puissante que l'Autriche conserverait en France, si on établissait la régence.

La Prusse et l'Autriche l'auraient ardemment désirée; mais la Suède, l'Espagne, les rois de Naples, de Portugal, de Piémont, d'Allemagne, et tous les princes d'un rang secondaire qui redoutaient ces deux puissances, se rangèrent de l'opinion de la Russie et de l'Angleterre. Il fut donc décidé qu'on laisserait les Français maîtres de manifester leur volonté. C'était, par le fait, me rendre la couronne, car mon parti était immense : il se composait des trois quarts et demi de la nation. Il se manifesta d'abord en Guienne, et tout m'annonçait ma prochaine réintégration.

CHAPITRE XXII.

Ce que le prince de Talleyrand mande au roi. — Heureux succès de ses démarches. — Conseils que le duc d'Otrante donne à Louis XVIII. — Ils ne lui conviennent pas. — Son opinion sur la vertu des révolutionnaires et des officiers. — Ce que le roi pense de ses deux correspondans. — Ce que l'Autriche et la Prusse obtiennent de Marie-Louise. — Le roi sollicite en vain d'aller rejoindre les coalisés. — Délivrance du pape et de Ferdinand VII. — Reddition de Paris. — Marmont justifié. — Louis XVIII est proclamé à Paris. — Déclaration d'Alexandre contre les Buonaparte. — Charte du sénat. — Jeu de mots. — Louis XVIII se constitue roi. — Une suscription de lettre le fait roi. — Tout le monde lui a été fidèle. — Les mouches du coche. — Mot de Louis XVIII au prince-régent.

Par une coïncidence singulière je reçus à la fois dans le milieu du mois de mars des nouvelles du prince de Talleyrand et du duc d'Otrante. Le premier me mandait que les mesures étaient prises pour me proclamer dans Paris, si les alliés s'en emparaient, et qu'on s'occupait activement de déterminer ce grand acte. Il me désigna les hauts fonctionnaires et les militaires importans sur lesquels je devais compter. Il me prévint du prix dont j'aurais à payer un pareil service, et entra dans des détails tels que, comme Henri IV, j'aurais pu m'écrier après ma rentrée : *Paris est bien à moi, car on me l'a fait acheter cher.* Je sus par le même canal les dispositions du sénat et des membres du corps législatif. Le prince de Talleyrand m'avait aussi ménagé le suffrage du conseil du département de la Seine et du conseil municipal de Paris. La cour royale et le tribunal civil se dévouaient à ma cause, la police supérieure ne s'opposerait à rien, n'étant plus dirigée par le duc de Rovigo, qui déjà commençait à perdre la tête, et M. Pasquier répondait que la police de la préfecture se déciderait pour moi au moment venu.

Tout cela, certes, était beaucoup. Je me reposais sur l'habileté du prince de Talleyrand, non moins que sur son penchant involontaire pour tout soleil qui se lève. On dirait que c'est pour lui un double besoin de préparer à la fois une élévation et les moyens d'une chute. Sa lettre, en outre, répondait parfaitement aux avis qui me venaient par l'abbé de Montesquiou, MM. Royer-Collard, Becquey et autres ; car j'avais toujours mon comité royaliste supérieur. Je pouvais donc ajouter foi aux documens que me fournissait l'ancien évêque d'Autun.

Fouché, trop mal placé pour aider activement à ma restauration, avait du moins profité de sa position actuelle pour procurer un ennemi de plus à Buonaparte en la personne de Murat. Fouché, lors de la retraite de l'Illyrie dont il avait été nommé gouverneur, reçut l'ordre d'aller à Naples, où Murat boudait contre son beau-frère. Le duc d'Otrante parvint à le convaincre de l'avantage qu'il retirerait en se liant à la coalition avec franchise, car déjà il l'était à demi. Buonaparte, instruit de ces menées, rappela à Paris l'habile Fouché, qui, peu jaloux de rentrer dans l'antre du lion, chemina à petites journées; aussi était-il encore en Italie lorsque la catastrophe éclata.

C'était donc de loin qu'il m'écrivait :

« Sire, me mandait-il en me parlant de la facilité
« que j'aurais à m'attacher les hommes de la révo-
« lution, que Votre Majesté leur remplisse la bou-
« che de quelque friand morceau, et pas un d'eux
« ne songera à crier. Ils vous serviront avec une
« soumission qui ne vous laissera rien à désirer ;
« mais si vous les remettez dans leur position pre-
« mière, ce seront des ennemis implacables dont
« vous aurez tout à redouter. Quant à la plupart
« des chefs militaires, leur complaisance vous sur-
« prendra ; peu leur importe de quelle main leur
« viennent leurs épaulettes, pourvu qu'ils les con-
« servent. Buonaparte a fait des courtisans de tous
« nos officiers, jetez-leur des croix, des titres, et
« ils vous seront dévoués tout autant qu'à lui, c'est-
« à-dire jusqu'au moment où un autre leur offrira
« de plus brillans avantages. »

Fouché me conjurait ensuite de ne pas me laisser influencer par les royalistes, prétendant que je mécontenterais les Français qui ne l'étaient pas, en paraissant tout accorder aux premiers. En un mot, le duc d'Otrante me traçait ma conduite par *a plus b*, comme si j'avais eu l'habitude de marcher avec des lisières. J'avoue que je trouvai sa prévision fort inconvenante, et qu'elle réprima mes bonnes dispositions à son égard. Le prince de Talleyrand avait montré plus de tact ; il me parlait de ce qu'il faisait pour moi, et ne me disait pas un mot de ce que je devais faire. Cette forme respectueuse, cette confiance en mes moyens lui valurent son entrée au ministère, où d'abord je voulais appeler en chef l'abbé de Montesquiou. Mais je réserve ces détails pour la partie de mes Mémoires qui traitera de mon règne depuis la restauration. On a beaucoup dit sur cette époque ; cependant je me flatte que je paraîtrai neuf lorsque je la traiterai. On conviendra que je suis convenablement placé pour bien voir les choses, et, Dieu aidant, je les ai assez bien vues.

Le mois de mars me jeta dans d'étranges perplexités ; chaque jour amenait de nouvelles choses. Mes espérances sans doute croissaient de plus en plus, et cependant je craignais malgré moi quelque retour de fortune. Je savais quel intérêt l'Autriche avait à m'être contraire. Je n'ignorais pas d'ailleurs que, par un traité secret, l'archiduchesse Marie-Louise lui avait promis deux provinces françaises qui serviraient à indemniser le roi de Bavière des possessions héréditaires qu'on lui ravirait en Allemagne. Je savais aussi que la Prusse, sous l'appât de l'Alsace, qui aiderait à l'arrondir aux dépens de la France, pencherait pour le prétendu roi de Rome, et ces deux poids pouvaient bien, avec l'aide des partisans de Buonaparte, faire fléchir la balance de son côté. Je savais enfin que Joséphine entretenait une correspondance active avec le czar, et je craignais quelque caprice chevaleresque de la part d'Alexandre.

Ces diverses chances me brisaient le cœur ; j'aurais donné dix ans de ma vie pour pouvoir me transporter à l'armée des souverains, où j'eusse été à portée de soutenir mon droit. Je ne cessais de prier le prince-régent de me permettre de m'y rendre. Il y était très disposé ; mais l'Autriche et la Prusse s'y opposaient avec opiniâtreté, sous prétexte que puisqu'on était convenu de laisser au libre arbitre des Français le choix d'un roi, il convenait que je ne vinsse pas le violenter par ma présence. Comme si Buonaparte, Marie-Louise et son fils n'étaient pas sur les lieux ! On m'opposait un pauvre argument ; mais enfin force était à moi de m'y soumettre. Cependant mon sang bouillonnait, et j'attendais l'événement avec une impatience qui ressemblait à de la fièvre.

J'appris assez promptement que Buonaparte, cédant à son tour aux lois de la nécessité, avait mis en liberté deux prisonniers d'une haute importance, le pape et Ferdinand VII. Le premier était abandonné à sa destinée. Un traité avait eu lieu avec le second, traité qui lui rendait les Espagnes, et auquel Buonaparte ne dut consentir qu'avec rage.

J'arrivai donc ainsi jusqu'au mois d'avril. Les alliés étaient vainqueurs, malgré les victoires de Buonaparte, qui équivalaient à des défaites. Enfin ils établirent leur quartier-général à Bondy. Une seule pensée aurait dû occuper l'usurpateur, celle de défendre lui-même sa capitale ; mais Dieu l'entraîna loin de Paris, à Fontainebleau, où devait se terminer le rêve de ses grandeurs. Paris abondonné à la garde de Marie-Louise, qui avait déjà, ai-je dit, traité avec l'empereur d'Autriche, de M. Joseph Buonaparte et du maréchal duc de Raguse, ne fut pas conservé à l'usurpateur. Les deux premiers s'en retirèrent par peur, et le duc de Raguse y resta pour traiter des conditions de cette capitulation célèbre. Pouvait-il faire autrement? non sans doute; pouvait-il défendre la capitale avec les faibles moyens dont il disposait? Ceci n'est guère plus soutenable. Tous ceux que la passion n'égare pas conviennent que la conduite du duc de Raguse est exempte de tous reproches. Il ne devait pas exposer la capitale de la France aux horreurs d'une prise d'assaut. N'aurait-il pas été responsable des désastres qui pourraient rappeler ceux de Moscou? Il agit donc en homme sage, en bon citoyen, et non en fanatique furieux et coupable.

Paris, libre encore de toute intervention étrangère, vit flotter la bannière royale sur la place Louis XV, au même endroit où avait paru s'éteindre la royauté dans le sang du vertueux Louis XVI.

Certes c'était une réparation due à ce roi-martyr. Ce fut de ce lieu que partirent mes amis. Je ne veux en nommer aucun, dans l'impossibilité où je suis de les désigner tous. Qu'il leur suffise de savoir qu'ils ont la première place dans mon cœur, et que je n'oublierai jamais le service éminent qu'ils m'ont rendu.

Les souverains, en entrant dans Paris, virent les fleurs-de-lis et le drapeau blanc déployés à toutes les fenêtres. Ils furent accueillis par des cris unanimes qui demandaient mon retour. On sait avec quelle vivacité l'empereur Alexandre se prononça pour moi; comment il déclara solennellement que la coalition ne traiterait plus avec Buonaparte, *ni avec aucune personne de sa famille*. Cette phrase décisive détermina tout.

Le prince de Talleyrand nous rendit l'immense service d'entraîner le sénat à prononcer la déchéance de Buonaparte. Ce fut un acte d'autant plus important qu'il rompit le nœud auquel de petits esprits auraient pu se rattacher. Je l'appris en même temps que me parvint son canevas de constitution dans lequel il avait inséré si à propos le gage de sa propre fortune, en faisant de l'intégralité de son traitement un des articles de la loi qui fonderait de nouveau la royauté en France. On sait que le public n'approuva pas cette touchante sollicitude, et que l'on désigna ce corps respectable : *le sénat-conservateur.... de ses rentes.*

Ce qui me frappa surtout, ce fut la double clause qui, en m'appelant à la couronne, sans parler de mon droit antérieur, ne me l'accordait qu'à condition que j'accepterais le projet de charte. Cette prétention ne pouvait me convenir ; je voulais qu'on reçût tout de ma volonté paternelle, et non souffrir qu'on m'imposât une charte qui, dans l'avenir, eût fait mon seul titre et celui de mes successeurs. L'accepter eût été consentir à l'établissement d'une nouvelle monarchie, et dans ce cas, celle de Buonaparte l'aurait primée par son ancienneté ; c'était un chat qu'on me jetait dans les jambes, et bien que fort goutteux, je sus m'en débarrasser. Je ne répondis rien et laissai faire. Le cours des choses entraîna le sénat et sa constitution : lorsque j'arrivai on n'en parla plus, tous accueillirent la mienne avec reconnaissance et enthousiasme ; elle devint une concession royale, octroyée, et non imposée. Mais je n'en suis pas encore à ce point de mon histoire.

Une suscription de lettre du prince-régent m'annonça d'abord ce que la Providence avait fait pour moi. J'y lus : *A Sa Majesté Très Chrétienne, le roi de France et de Navarre*. Cela disait tout ; le reste était de ces phrases bienveillantes qui ont moins d'éloquence que le fait réduit à sa simple expression. Ma nièce, que je fis appeler, voulant être première à me rendre hommage, se précipita à mes pieds. Elle aurait dû se presser contre mon cœur, c'était sa véritable place...

Hartwell bientôt ne fut pas assez grand pour contenir la foule qui s'empressa autour de moi. Les amis ne manquent jamais dans la bonne fortune.

Je reçus ceux-ci en roi ; c'était mon rôle, ils me flattaient pour ne pas sortir du leur, et tout alla au mieux. On n'attendit pas mon retour pour m'assurer de ce dont je ne doutais nullement, *qu'on m'avait toujours aimé, et qu'en travaillant pour Buonaparte c'était moi qu'on voulait servir.* Il n'est pas de meilleur dupe que que celui qui consent à se laisser tromper, et je m'étais fait la règle de l'être par tout le monde sur ce chapitre de la fidélité. Je reçus des missives de tous les maréchaux sans exception. Les hauts dignitaires m'écrivirent aussi, mais de ce côté il n'y eut pas unanimité, ou, pour mieux dire, un peu moins d'impudeur. Cependant les mouches du coche ne manquèrent pas ; celles-ci, qui prétendaient avoir tout fait pour ma rentrée, daignèrent à peine parler des alliés, mais en revanche elles disposaient déjà en leur faveur de tous les emplois, de toutes les récompenses.

Sur ces entrefaites, le prince-régent survint :

— Sire, dit-il, qu'est-ce qui peut être le plus agréable à Votre Majesté ?

Je répondis en l'embrassant :

— D'aller à Paris, prince : on ne peut être bien que chez soi.

FIN DU TOME HUITIÈME.

TABLE DES MATIÈRES

CONTENUES

DANS LE TOME HUITIÈME.

Pages.

Chap. Ier. — Regrets donnés à l'absence de M. d'Avaray. — Bons procédés de l'empereur Alexandre envers le roi. — Les succès de Buonaparte changent la position de l'Europe. — L'Italie entière est soumise à son influence. — L'Angleterre fait la paix avec lui. — Il rappelle les émigrés. — Il se les attache. — Il veut aussi se rallier le clergé. — Le concordat est proposé. — Le roi cherche à l'entraver auprès du pape. — Pie VII refuse de la seconder. — Le roi se sépare de certains conspirateurs. — Première lettre qu'il écrit à Buonaparte. — Joséphine la lui remet. — Deuxième lettre au même. — Réponse de Buonaparte. — Négociation rompue. — Le roi écrit une circulaire au corps des évêques de France. — Chagrin qu'il cause au pape. — L'évêque d'Arras le seconde. — Il est abandonné de presque toute l'émigration. — D'Avaray, de retour, l'en console. 1

Chap. II. — Pourquoi l'auteur ne s'assujettira plus à l'ordre chronologique. — Conduite des souverains à son égard. — Comment on envoie la duchesse de Guiche à Paris, et comment elle en est chassée. — Buonaparte veut négocier avec le roi. — Le comte de Haugwitz. — Quelques détails sur sa vie. — Le président Meyer. — Buonaparte le charge de traiter de l'abdication du roi. — Récit de l'audience que Sa Majesté lui accorde. — Ce que le roi voulait répondre à Buonaparte. — Note définitive qu'il lui fait remettre. — Conversation diplomatique de d'Avaray avec le président Meyer.—Propos chevaleresques du roi. — Lettre à ce sujet au comte d'Artois. — Protestation de tous les princes de la famille et maison de Bourbon. 16

Chap. III. — Nul ne s'oppose à l'usurpation de Buonaparte. — Arrestation des généraux Georges Cadoudal, Pichegru et Moreau. — Le duc d'Enghien. — On se sert de son nom. — Buonaparte veut le perdre. — Il le fait arrêter. — Et exécuter. — Détails de ce funeste événement, fournis par Cambacérès. — Propos de Buonaparte au conseil d'État. — Motifs de ce crime. — Lettre du roi aux deux Condés. — Faiblesse des souverains. — Louis XVIII envoie au roi d'Espagne la Toison-d'Or. — Suite de cette affaire. — Buonaparte se proclame empereur. — Protestation du roi. — Propos de Buonaparte à son sujet. — MM. de Précy et Imbert Colomès sont arrêtés à Bureith.—On refuse de recevoir Monsieur à Varsovie. — Le roi se dispose à aller le rejoindre à Grodno. — Sa reconnaissance envers les Polonais. 32

Chap. IV. — Récit de la tentative d'empoisonnement contre la personne du roi. — Il part pour Grodno. — Monsieur n'y vient pas. — Le roi s'embarque à Riga. — Calmar. — Le roi de Suède. — Monsieur rejoint son frère. — L'Autriche veut la guerre. — Les Anglais offrent au roi la Martinique. — Il la refuse, et pourquoi. — Déclaration de ses droits et de ses intentions. — Abandon déloyal du cardinal Maury. — On s'oppose à la venue des princes de la maison de Bourbon à Colmar. — Un mot sur le duc d'Orléans. — Les assassins suivent le roi. — La

DES MATIÈRES.   301

Prusse.lui retire l'autorisation de séjourner en Pologne. — Il se sépare de Monsieur. — Conseil qu'il donne à ce prince. — Le roi revient à Mittau. — Le comte de Blacas.   46

Chap. V. — Sentimens du roi le jour du sacre de Buonaparte. — Ce dernier propose la paix, que l'Angleterre refuse. — Il se donne la couronne d'Italie. — Troisième coalition. — Création de l'empire d'Autriche. — Les alliés éloignent le roi. — Politique du cabinet de Vienne. — Comment elle se manifeste. — La guerre éclate. — Le général Mack. — Revers de l'Autriche. — Malheurs des Bourbons de Naples. — La Prusse va changer de politique. — Mot de Napoléon au sujet de la mission équivoque du comte d'Haugwitz. — Le roi de Prusse est poussé à la guerre. — Récit des événemens survenus en 1806 et 1807. — Revers du roi de Prusse. — Les prisonniers français à Mittau. — Mort de l'abbé de Firmont. — Le roi écrit à son frère. — Visite que lui fait l'empereur Alexandre. — Leur entrevue. — L'empereur voit les princesses. 59

Chap. VI. — Le roi quitte la Russie après la paix de Tilsitt. — On refuse de le recevoir en Angleterre. — Il est appelé par la famille royale de ce royaume. — Sa lettre d'adieu à Alexandre. — Il va de Riga à Guttembourg. — Il y trouve le duc de Berry. — Pourquoi sa présence inquiète le ministère anglais. — Ordres donnés pour sa réception et son séjour en Écosse. — Il veut aller à Londres et être reçu en roi de France. — On s'y oppose. — Note diplomatique qu'il dicte à ce sujet. — Réponse du cabinet de Saint-James. — Le roi consent à l'incognito. — Il débarque à Yarmouth. — Le comte de Beaujolais. — Le duc d'Orléans. — Le prince de Condé. — Le duc de Bourbon. — Monsieur. — La colonie française. — La cour de Monsieur. — Mort de l'évêque d'Arras.

26.

—Le roi va habiter Goldfeild-Hall.— Le marquis de Buckingham. — La famille royale d'Angleterre. — George III. — Un prince du sang ne doit pas être de l'opposition. — Le roi d'Angleterre et le duc d'Orléans. — Anecdote. 75

Chap. VII. — Suite du portrait de George III. — La reine d'Angleterre. — Leurs enfans. — Inconvéniens de la loi qui appelle les filles à la couronne.— Aperçu de la constitution anglaise. — Anomalies. — Lois et coutumes bizarres. — Sheridan compare le jurisconsulte anglais au lettré chinois. — Le roi est une fiction. — Le diable est sur le point d'être qualifié d'*ami cousin* par George III. — Le parlement. — La chambre des pairs. — Son influence. — Quelles en sont les causes. — L'étiquette souveraine en Angleterre. — La chambre des communes. — Elle ne représente pas le peuple. — Comment on fait les députés. — La constitution anglaise est oligarchique. — Comment l'état actuel des choses s'est établi. — Ses chances de revers. — Propos de George III. 88

Chap. VIII. — Pitt. — Le roi ne l'aimait pas. — Composition du ministère en 1807.— Lord vicomte Seymouth. — Duc de Portland. — Lord Eldon. — Lord Hawkesbury. — Vicomte Castlereagh. — M. Canning. — M. Percival. — Preuves nouvelles de l'ambition de Buonaparte. — L'Angleterre est seule à le combattre. — Précis des événemens arrivés en Espagne. — Charles IV. — La reine sa femme. — Le prince de la Paix. — Le prince des Asturies. — Papiers trouvés chez lui.— Colère du roi.— Louis XVIII cherche à être utile au prince. — L'indignation de l'Espagne contre le favori le force à relâcher le prince. — Trahison de Godoï concertée avec Buonaparte. 98

Chap. IX. — Suite des affaires d'Espagne. — Soulèvement à Aranjuez. — Abdication de Charles IV. —

DES MATIÈRES. 303

Avènement de Ferdinand VII. — Les Français à Madrid. — Ferdinand VII va vers Buonaparte. — Guet-apens de Bayonne. — Comment la Russie, l'Autriche et l'Angleterre sont frappés de cet acte d'ambition. — Louis XVIII proteste contre cette autre usurpation de Buonaparte. — Son frère Joseph roi d'Espagne. — Evénemens qui ont lieu dans la Péninsule. — Le cardinal de Bourbon. — Les Cortès. — Abnégation admirable des Espagnols. — Note diplomatique et demandes que Louis XVIII adresse aux envoyés de la junte provisoire. — Pourquoi il écartait le duc d'Orléans. — Explications importantes sur ce point. — Le duc d'Orléans agit en sens inverse de la volonté du roi. — Comment les envoyés éludent de répondre à Louis XVIII. — Les cabinets de Londres et de Vienne lui sont contraires. — Lui et sa famille sont repoussés. 113

Chap. X. — La reine et Madame Royale viennent rejoindre le roi en 1808. — Un mot sur la mort de madame comtesse d'Artois. — Accueil que fait aux princesses le prince régent. — Ce qu'il dit au roi. — La princesse de Galles. — Anecdote. — Correspondance de la princesse de Galles avec son mari. — Procès criminel qu'on lui intente. — Il est abandonné. — Elle vient voir Louis XVIII. — Le petit Billy Austin. — Détails sur sa visite. — Conversation curieuse. — Propos obscurs sur le duc d'Orléans. — Louis XVIII s'explique avec le prince régent sur cette visite. — La famille royale d'Angleterre prêtait au scandale. — Particularités sur la folie de George III. — Lettre par laquelle il annonce à Pitt sa première guérison. — Détails sur l'emploi uniforme de ses journées. — L'aloyau royal. . . 126

Chap. XI. — Evénemens de l'année 1809. — Le duc d'Orléans part pour l'Espagne. — On l'empêche de débarquer à Gibraltar. — Il vient en Angleterre. —

Il écrit à Louis XVIII. — Qui lui répond. — Le ministère anglais lui interdit l'entrée de l'Espagne. — Il vient voir Louis XVIII. — Sa sœur arrive au moment de son départ. —Ils se rendent tous deux en Sicile. — Le duc se réunit à sa mère. — Ses sollicitudes relativement à la dot de sa femme.—Réponse qui lui est faite. — Il aura l'argent. 141

Chap. XII. — Le roi veut marier le duc de Berry. — On lui refuse Marie-Louise. — Buonaparte demande indirectement cette princesse en 1808.— Propos, à ce sujet, du baron de Thugut. — Campagne de 1809. — Le roi cherche à sauver la coalition. — Espoir de succès. — Révolution en Suède. — Détails sur ce point. — Le duc de Surdermanie. — Catastrophe du comte de Fessen. — Bernadotte. — Revers de l'Autriche. — Relations curieuses sur le mariage de Buonaparte avec l'archiduchesse Marie-Louise. — Alternative imposée à l'Autriche. — Acte signé par l'empereur François II. — Traité de paix. 149

Chap. XIII. — Conversation entre le prince de Galles et Louis XVIII, sur l'alliance de la maison de Lorraine avec Buonaparte. — L'expédition de Flessingue manque. — Habileté du duc d'Otrante. — Buonaparte en est jaloux. — Fouché veut se rapprocher du roi. — Il lui envoie M. C... de M... — Détails de l'audience accordée à cet agent. — Le roi consent à recevoir Fouché en grâce. — La maladie du comte d'Avaray augmente. — Il quitte le roi. — Sa mort. — Regrets du roi. — Pourquoi M. d'Avaray est remplacé par le comte de Blacas. — Caractère de ce dernier. — Mort de la reine femme de Louis XVIII. — Son éloge. — Honneurs qu'on lui rend. — L'émissaire de Fouché de vient celui de Buonaparte. — Dernières propositions de celui-ci.—Réponse du roi. 164.

Chap. XIV.—Abdication du prétendu roi de Hollande. — La noblesse française va vers Buonaparte. — La

politique européenne est fatale aux neveux de
Louis XVIII. — La régence d'Espagne, influencée
par le cardinal de Bourbon, appelle le duc d'Orléans. — Les Anglais s'y opposent. — Offres de la
régence à ce prince. — Le commandant de Sarragosse refuse de le recevoir.—Il se rend à Cadix.—
On élude de le satisfaire. — Le cabinet de Londres
intervient. — Le duc veut combattre Buonaparte à
tout prix. — Les Cortès refusent l'honneur de sa
visite. — Il est contraint de quitter Cadix. — Il revient à Palerme. — Folie du roi George. — Respect
des Anglais pour leur roi. 178

Chap. XV. — Détails sur l'installation du régent d'Angleterre. — Qualités du prince de Galles. — Son
amitié pour Louis XVIII. — Explication nécessaire.
— Naissance du fils de Buonaparte. — Christophe
roi d'Haïti. — Réponse sage à une innocente plaisanterie. — Réflexions d'un roi sur le bonheur du
peuple. — 1811. — Espoir que donne cette année.
— La Russie prête à se brouiller avec Buonaparte.
— Les Français hors du Portugal. — Ferdinand VII
demande en mariage une personne de la famille de
Buonaparte. — Louis XVIII fixe son séjour en Angleterre. — Il loue, puis achète Hartwell. — Son
établissement. — Détails de ménage. — Louis XVIII
se remet à la politique.—Jackson Dowdell et Polly
sa fille. — On veut empoisonner Louis XVIII. —
L'hypocrisie après la fureur. 191

Chap. XVI. — On croit Dowdell homme de bien. —
Louis XVIII s'en méfie. — Sa fille sauve la vie du
roi.—Comment elle en est récompensée.—Ce qu'est
une cour même en exil. — Les évêques soumis et
ceux qui ne le sont pas. — On veut que le roi se
prononce. — Verte repartie qu'il adresse à ce sujet
à frère Philippe. — Il veut être roi à sa fantaisie. —
Le comte d'Entraigues. — Il est dans les intérêts de

la Russie. — Il vend à l'Angleterre le traité secret de Tilsitt. — Son influence à Londres. — Il veut mener Louis XVIII. — Sa fin tragique. — Demi-explication à ce sujet. — La femme du comte d'Entraigues. — Scène plaisamment tragique qu'elle fait à Buonaparte. — Le comte de Puisaye. — Fauche-Borel en arbalète. 204

Chap. XVII. — On veut quelquefois servir le roi malgré lui. — La fidélité des épaulettes. — Moreau. — Excursion politique. — Propos de Buonaparte. — Étendue de sa puissance. — Mémoire d'état du duc d'Otrante. — Le roi le communique au gouvernement anglais. — On l'envoie aux cours étrangères. — Effet qu'il produira plus tard. — L'Angleterre travaille à une nouvelle coalition. — Paix entre la Russie et la Suède. — Traité nouveau de Buonaparte avec la Prusse et l'Autriche. — Le roi engage le czar à employer Moreau. — Récit circonstancié de cette négociation. — Le roi écrit à Moreau. — Gustave IV vient à Hartwell. — Son caractère. — Les rois l'ont maltraité. 218

Chap. XVIII. — Buonaparte veut se rapprocher de Gustave IV. — Propos de Charles-Jean. — La couronne brisée au front d'un roi, anecdote prophétique. — Gustave IV arrivé à Hartwell. — Préparatifs de Buonaparte contre la Russie. — Il est visité à Dresde par une foule de souverains. — Rapport philosophique et anecdotique d'un agent de Louis XVIII. — Paix entre le czar et le sultan. — Proclamation fatidique de Buonaparte. — Statistique de ses forces. — Le roi laisse dormir ses agens en France. — On se réveille à Bordeaux. — M. Bollac. — Il vient en Angleterre. — Détails de ses rapports avec le comte de Blacas. 231

Chap. XIX. — Suite du précédent. — M. de Malcor. — Le baron de Guilherny. — Le chapeau d'une tête énergique. — Le ministère anglais accueille M. de Rollac et élude de lui répondre. — Première faute de Buonaparte en Pologne. — L'archevêque de Malines. — Conquête de la Lithuanie. — Réponse de Buonaparte au comte Daru. — Il continue la campagne. — Le maréchal Davoust. — Murat. — Les premières négociations avec les Anglais. — Suite de la guerre. — Anecdote sur le czar et le prince Bernadotte. — Prise de Moscou. — Récit des désastres qui la suivent. — Louis XVIII écrit au czar en faveur des prisonniers français. — Le général Mallet. — Sa conspiration. — Colère de Buonaparte. — En quels termes il excuse le duc de Rovigo. — Menées perfides de la police impériale. 244

CHAP. XX. — On commence à revenir à Louis XVIII. — Le prince de Talleyrand se rappelle que le roi existe. — Une plaisanterie. — Le grand diplomate travaille pour la cause du roi. — Le comte Alexis de Noailles. — Son portrait. — Son dévouement. — Ce qu'il dit au roi sur la France. — Projet qu'il lui inspire. — Courses diplomatiques de ce fidèle serviteur. — Murat se brouille avec Buonaparte. — Le cabinet de Londres et les Bordelais. — Le roi écrit à M. Taffard de Saint-Germain. — Et au marquis d'Avaray. — Cours des événemens politiques. — Armistice de Dresde. — La paix proposée et refusée. — La guerre recommence. 258

CHAP. XXI. — Continuation des événemens politiques. — Le czar écrit à Louis XVIII. — Buonaparte repoussé en France. — Le roi négocie à Bordeaux. — Lettre-circulaire écrite en son nom par le comte de Blacas. — Monsieur et ses fils sont appelés par la coalition. — Douleur des adieux. — Fermeté de madame duchesse d'Angoulême. — Monsieur en Suisse. — Le duc de Berry à Jersey. — Le duc d'Angoulême auprès de lord Willington. — Soumission de Bordeaux. — Louis XVIII est reconnu roi de France dans cette ville. — Le 12 mars. — Entrée du duc d'Angoulême. — Ce qu'il mande au roi. — Derniers efforts de Buonaparte. — Le prince de Condé. — Ce qu'on écrit au roi du congrès de Châtillon. — On intrigue à Châtillon en faveur de la régence. — L'empereur Alexandre veut que la France décide à qui elle se donnera. — La cause de Louis XVIII est gagnée. 273

Chap. XXII. — Ce que le prince de Talleyrand mande au roi. — Heureux succès de ses démarches. — Conseils que le duc d'Otrante donne à Louis XVIII. — Ils ne lui conviennent pas. — Son opinion sur la vertu des révolutionnaires et des officiers. — Ce que le roi pense de ses deux correspondans. — Ce que l'Autriche et la Prusse obtiennent de Marie-Louise. — Le roi sollicite en vain d'aller rejoindre les coalisés. — Délivrance du pape et de Ferdinand VII. — Reddition de Paris. — Marmont justifié. — Louis XVIII est proclamé à Paris. — Déclaration d'Alexandre contre les Buonaparte. — Charte du sénat. — Jeu de mots. — Louis XVIII se constitue roi. — Une suscription de lettre le fait roi. — Tout le monde lui a été fidèle. — Les mouches du coche. — Mot de Louis XVIII au prince-régent. 289

FIN DE LA TABLE DU TOME HUITIÈME.